毒父《どくちち》家族

親支配からの旅立ち

毒父《どくちち》家族

親支配からの旅立ち

心理カウンセラー
井上秀人

さくら舎

はじめに

ここ最近、「毒親《どくおや》」「毒母《どくはは》」という言葉を耳にすることが多くなったと感じています。「毒親」とは、子どもに対するネガティブな行動パターンを執拗《しつよう》に繰り返し、それによって子どもの人生を支配するようになってしまう親のことです。昨年の年末には、ＮＨＫの番組で「母が重たい」と題して、毒親の特集を放映していましたので、記憶にある方もいらっしゃるかもしれません。

書店でも、母と娘に関する本が数多く並んでいるのを目にします。それだけ、母と娘の関係は複雑で、恒常的な問題を孕《はら》んでいるともいえます。ところが、父と息子をテーマにした本は、私の知る限りではほとんどありません。男性が自身の問題を語ることが憚《はばか》られる風潮も、少なからず影響しているのかもしれませんが、世の中には、父親との関係に問題を抱えている方も潜在的に多いのではないかと思います。

本書は、「毒母」ならぬ「毒父《どくちち》」にスポットを当て、父親と息子の関係を中心とした内容になっています。

私自身、父親との関係に、ずっと悩まされてきました。

本書では、私の実体験をもとに、父と息子との関係性を主軸にして、親の価値観が子供に与える影響、そして家族のルール（良いことも悪いことも）は確実に連鎖していき、自分の代だけではなく次世代にも続いていくという話を、心理学的視点から書いています。父親との関係だけではなく、母親との関係に問題を抱えている方にも共通する話も書いていますので、少しでも参考にしていただけたら幸いです。

各章の末尾には、私自身も取り組んできた、日常で活かすことのできる実践的なワークも載せておりますので、活用してみてください。

家族の話は、なかなか他人に話せるものではありません。デリケートな問題ですし、なにより自分が育った家族環境しか知らないので、その環境が「当たり前」と認識してしまうこともあります。また、日本は「親を尊敬しなさい」「親孝行して親を大切にしなさい」という考えが根深くあるので、親を悪く言うことに抵抗感がある方も、多いのではないでしょうか。

私も、自分の家族の話は心を許した人にしか話しませんでした。それだけ、自分の家族の話をすることに抵抗があったのです。話すことで、自分の家族の秘密をばらしてしまっているような感覚を抱いておりました。

そのような経験を経て、同じような思いを抱いている方に、少しでも気付きや行動へのきっかけを与えられたらという思いで、今回、この本を執筆いたしました。


私は、父への複雑な思いを抱えながら、三〇年以上生きてきました。

団塊の世代には顕著《けんちょ》かもしれませんが、学歴至上主義で、頑固で、自分の考えが通らないと、まるで子どものように怒りの感情を露《あらわ》にする。今でいう、モラルハラスメント（精神的虐待）に近い行動をする男性が、私の父でした。そんな父に対する恐怖や、怒りや恨み、それと同時に、私を認めて欲しい、愛して欲しいという気持ちが、心の中にずっとありました。私にとって、父との関係は、人生の未完了のテーマだったのです。

幼い頃から父に植え付けられた恐怖心が記憶として残り、それが原因で、大人になってからも、人間関係やコミュニケーションでもうまく振る舞えず、違和感を感じている自分がいました。当時は、父の影響が今の私に影響を及ぼしているなんて思いもしませんでしたが。

五年ほど前から、心理の世界に興味を持ち始め、多くの関連本を読みあさり、様々なセミナーにも参加し、心理の学びを深めていきました。そのなかで、父親から受けてきた精神的支配に気付くことができました。

そして、父の死をきっかけに、同じ思いを抱えて苦しんでいる人の力になりたいと思い、カウンセラーとして独立しました。今は、親との関係に悩みを抱えている方に向けて、「親との関係から自分の人生を見つめ直すカウンセリング」をしております。

悩んできた分だけ、人は大きく成長し、必ず誰かの役に立つことができると、信じています。

あなたにはあなたの、人生を生きる権利があります。

この本を手に取って読むという行動を実際に起こしているあなたなら、大丈夫。読み終わった後には新たな視点や気付きを得て、きっと明るい未来が訪れることを実感していることでしょう。

井上秀人《いのうえひでと》

目次◆毒父《どくちち》家族——親支配からの旅立ち

第二章　「他人から嫌われたくない」症候群

第三章　毒父《どくちち》への怒り

第四章　いびつな夫婦関係

第五章　アルコールという「力」への依存

第六章 負の家族連鎖を断ち切る

毒父《どくちち》家族——親支配からの旅立ち

第一章　親に支配される家族

親との関係が、今の人間関係にも影響している

親に支配されて育った子どもは、自らの感情を抑圧してしまう傾向にあります。なぜなら、親に対して感情を出すことが、自らの存在を脅《おびや》かすことになると、子どもは直感的に感じるからです。子どもにとって親の存在はとてつもなく大きなものです。生きていくためには否《いや》が応《おう》でも親の助けを借りなければならないので、子どもは親に気に入られようと無意識に振る舞います。むしろ親に気に入られることは、子どもにとって最上の喜びではないでしょうか？

子どもが自らの感情を抑圧してまで親に気に入られようとすると、どんな弊害《へいがい》が出てきてしまうのでしょうか？

感情を抑圧するクセが無意識につくと、大人になっても人間関係のなかでそのクセが無意識に表れます。「自分の意見を主張できない」「喜怒哀楽が出せない」「怒りの感情が出せない」といったことがあげられます。

このように、相手に気に入られることを優先するあまり、自分の感情を隠してしまうのです。自らの子ども時代を再現することで、親と同じように身近な人間を支配し、コント

ロールするような相手を無意識に引き寄せてしまいます。無意識なのでそのことに気付かずに、同じような相手とばかり出会ってしまい、その結果、慢性的《まんせいてき》に人間関係に苦しむことになります。

私の場合は、目上の男性に対して気に入られようと振る舞う傾向がありました。たとえば仕事だと、上司や役職者などの権威や力のある人に対して、必要以上に意識していましたね。その時の私には「相手に気に入られたい」という思いが常にありました。だから、自分の感情は抑圧して、相手の意見を全て受け入れていました。

自分の意見を主張することはほとんどありませんでした。とにかく相手の気分を害さないようにしていました。まるで私と父の関係性にそっくりです。「自己主張したらいけない！」と、どこかで思っていたのでしょう。

当時は、自分の意見が、なぜか全く出てこなかったのです。「俺はいったい何を考えているのだろう……？」幼い頃から感情を抑圧してきた結果、自分の感情を感じることができなくなっていたのです。ただ私にとってはそのことが当たり前だったので、心に違和感を抱えながらも、いったいどうすればいいかわかりませんでした。

自己主張しても気に入られる人間が、とにかく羨《うらや》ましかったのを覚えています。それに、自分の意見を言うことは相手の考えを否定することだと思っていました。今思えば、全く

怒りの感情を我慢する

そんなことはないのですが、相手の人間性までをも否定するような、どこか罪悪感のようなものを感じていたのですね。

このように、心の底では「自己主張すると相手が気分を害する」という固定観念があったので、波風立てないことを優先して生きてきたのでしょう。

その結果、相手にとっては、なんでも言うことを聞いてくれる、井上君なら断らないだろう、などと都合の良い人間として扱われていたこともあります。そのことに対して怒りを感じることもありましたが、怒りの感情を表に出すことが一番の恐怖だったので、グッと我慢していました。

怒りについては追って詳しく書いていきますが、親から支配されてきたことで、自分の感情を感じ表に出すという人間として自然な行為が阻害《そがい》され、その結果、人間関係やコミュニケーションに大きな影を落とすことになるとは、当時は思いもしませんでした。

親に支配される人生

「支配」といっても、軽いものから重いものまでいろいろあります。友達付き合いや習い事の選択、受験であれば塾や受験校の選択など、本来、子どもの意志が尊重されるべき部分に親が介入してくることもあります。親なので、多少は子どもの向き不向きを考慮することは必要ですが、たいてい、先入観で考えるのでうまくいきません。子どもと一緒に考えるのではなく、親が一方的に決めつけてしまうケースがあります。

なかには就職先や結婚相手など、本人にとって今後の人生を大きく左右することまで、親が決めてしまうこともあるそうです。こういった親の元で育った子どもは、今まで自ら選択する経験をしてこなかったので、「いざ、自分で好きなように選んでもいいよ」と言われても、選べないのです。

ここまで重いケースではなくても、ほとんどの家庭では大なり小なりその家庭のルールというものが存在します。

私の家では「テレビはNHK以外ダメ」。例外で、父の好きな「笑点」と「水戸黄門」、ゴルフ番組はOKでした。他には「父の意見は絶対」「ドアは静かに閉め、床を傷つけてはいけない」などのルールがありました。ルールを破ると罵声《ばせい》が飛んでくるので、常に家庭は緊張感でピリピリとしていました。

このように、幼い頃から支配されて育ってきた場合は、自ら親に意見を言うことは相当な恐怖をともないます。今まで親に全てのことを決められてきたので、自分から何かを感じて、その感情に従って素直に動こうとは簡単にはできないのです。

むしろ、親に反抗できる方が自然だといえます。たとえ反抗的な態度でも、自分の意見を主張していれば、感情を出すことにつながるので自然ですよね。感情を抑えつけて自分の意見を主張しないと、気付かないうちにストレスが溜《た》まっていきます。自分の感情を表に出さずに我慢することは、自分を裏切っていることにもなるので、気付かないうちに相当な負担を自分自身に強《し》いていることになります。

また、家族のネガティブな話題を話すことは、「家族の秘密を周囲にばらしているのでは？」といったような「罪悪感」にもつながり、親を裏切っているような感覚に陥《おちい》ってしまうこともあります。

そうなると、「親は自分のためを思っていろいろしてくれた」と自らに言い聞かせることで、罪悪感を感じないようにするのです。支配的な親の場合は、その親の親（子どもにとっては祖父母）も支配的な環境だったということも、実際はとても多いです。親自身も子どもの頃から自分の意見を抑えつけられ、親のエゴや価値観を押し付けられて育ってきたのです。

ずっとやりたいことを我慢して、親の気分を害さないように、喜んでもらえるように、そればかり考えて生きてきたのかもしれません。自分の感情を、ずっと抑圧してきたのかもしれません。このように、親自身も自分を裏切り、親に対して罪悪感を感じていると、子どもにも何かしらの影響を及ぼすことになります。

アメリカのセルフ・ヘルプ・ムーブメントの第一人者であるジョン・ブラッドショウは、著作の『ファミリーシークレット――傷ついた魂のための家族学』（青山出版社、一九九五年）のなかで、こう指摘しています。

「両親が彼らの考えや感情を抑え、隠している時、子どもたちはそれらを受け取り、どこかに吐き出すか、あるいは内に抱え持たなくてはならない。両親が目をそむけ、締め出した感情的な問題がなんであれ、子どもたちは必ずそれを受け継ぐものなのである。」

家族、特に両親の問題を受け継いでいる子どもを、「親に利用された子どもたち」と言っています。とてもショッキングな言葉です。利用されたと聞いて、そうだったのか！と素直に認められる人はいったいどれだけいるのでしょうか？　なかなか認められないのではないかと思います。

たとえば、両親が不仲でしょっちゅう喧嘩《けんか》ばかりしている家庭の場合、子どもは、自分に注意を惹《ひ》きつけるためにわざとおどけたり、いたずらをしたり、両親が仲良くなるように自分からいい子を演じたりします。子どもなりに一生懸命です。悲しく、胸が締め付けられるようです。このように、両親の不仲は子どもを傷つけます。

子どもが傷つくだけではありません。実は、親自身も自分達の問題を棚に上げて、自らを傷つけているのです。どういうことかというと、子どもに気をとられるようになることで、結果的に、親は自分自身の問題に目を背《そむ》けることができるのです。親が自分自身の問題に向き合わずにすむように、子どもが使われているともいえます。子どもはそんな事実は知る由《よし》もありません。

なぜなら、親すらもその事実に無意識な場合がほとんどだからです。でも、子どもは親のそうした行為を無意識に感じ、怒りや恨みなどのネガティブな感情を抱え、いずれ大人になり、パートナーや自分の子どもへと受け継がせていく、そんなケースを何度も見聞きしてきました。親の空虚感や失望、痛みを子どもがそのまま引き継いでしまっているのです。

私は「アダルトチルドレン」だった

カウンセリングをしていて、このような事実に初めて気付き、ショックを受けると同時に、どこかモヤモヤとした解消されない生き辛さの理由が明確になることで、スッキリとした安堵《あんど》感を感じる人もいます。自分の内面や家族を見つめ直す過程で、「私はアダルトチルドレンだったのだ！」と気付くのです。そもそも「アダルトチルドレン」とはどういう意味なのか？ ここでは簡単に説明します。

「アダルトチルドレン」とは、大人になっても子どもの頃の記憶の影響で、生き辛さを抱えている人々の総称です。大人になった今でも、満たされない感情を抱え、その感情を解消するために必死に頑張っているのに、いつまでたっても心の底から満たされる日々は訪れない、社会のなかや家族のなかでの人間関係がうまくいかず、自分の生き方にも自信が持てない……。

もともとは、アルコール依存症の親がいる家庭や、モラルハラスメント（モラハフ）や虐待、夫婦喧嘩など、家庭内に人には言えない問題や秘密を抱え（機能不全家庭）、安心・安全な環境で育つことが困難なケースを指します。ただ、アダルトチルドレンは病気ではなく、生き方に共通してみられる特徴や行動、思考や認知を指すので、薬を飲んで治すのとはまた違うのです。しかし、その生き辛さが原因で、各種精神疾患にかかるケースもあります。

私自身、長い間、アダルトチルドレンという生き方に縛《しば》られてきました。いろいろな本を読んだり、父をテーマにしたセッションを受けたりしてきました。そんな学びのなかで、アダルトチルドレンの役割を知りました。

アダルトチルドレンの五つの役割とは？

アダルトチルドレンには、五つの役割があるといわれています。必ずどれか一つに当てはまるというわけではなく、いくつかの要素が組み合わさる場合もあります。参考までに五つの役割を記しておきますね。

全て子どもの頃に無意識に身に付けてきた役割になりますので、本人は意識できていない場合が多いです。

①　ヒーロー（優等生）……家族の名誉を守るため、周囲に認められるような「いい子」でいようとする。家族の問題をなんとか管理しようと必死の努力をする。

②　スケープゴート（身代わり）……トラブルを起こすことで、少しでも目を向けてもらおうとする。この問題行動は、家族のＳＯＳを外に向かって代弁する役目も果たす。

③　ロストチャイルド（いない子）……気配を消すことで家族の安全に貢献する。感情や要求を表さずに、自分の周囲にバリアを張って、火の粉からかろうじて身を守る。

アダルトチルドレン　５つの役割

④　クラウン（道化師）……おどけた愛らしいしぐさや、冗談で紛《まぎ》らわすことで、家族の緊張を緩和する。自分自身の心の痛みも、道化師の仮面の下に覆い隠す。
⑤　ケアテイカー（世話役）……家族のニーズに応え、なぐさめたり、愚痴を聞いたり、相手の望みをキャッチして行動する。誰かの役に立つことで自分の心の安定を保つ。

以上、大きく五つの役割に分けられます。読んでみて「私はこれだ！」と当てはまるものはありましたか？

それとも、いくつかの役割が合わさっていましたでしょうか？　ご自身の子ども時代を思い浮かべてみると、その時の情景が思い出されたかもしれません。


私は小学生の頃①でしたが、高校生くらいから②になって、仕事においては③と④が強かったです。

ほとんど入っていますね……。大人になってもこの役割（行動パターン）はなかなか変えられず、むしろ身体《からだ》が勝手に反応してしまっていました。まさに反射的でした。

反応してしばらくしてから、後で振り返って自己嫌悪に陥ったり、自分を責めることが多々ありました。「あ〜、なんで自分の意見を主張できないのだろう……。でも、意見を言って否定されたくないし、質問してできない人間だと思われたくないしな……」と思ったり、場の雰囲気が硬いと、自分が和《なご》ませなきゃと過剰に茶化したり、機嫌の悪い人がいると自分のせいだと思ってしまい、少しでも気分よくなってもらおうと振る舞ったり……。そんな経験を幾度となく味わってきました。

誤解してほしくないのですが、決してこれらの役割を否定する必要はありません。と、今なら胸を張って言えます。すごく自分の嫌いな部分ではあったのですが、子ども時代をたどっていくと、こんなふうに考えられるようになりました。むしろ自分が生き抜くために身に付けた処世術なので、見方を変えると、「自分を他者の攻撃から守るためには必要な役割」だったのです。処世術は生きていく過程で身に付けたものなので、後天的といえます。先天的ではないので、直すことが可能です。

そのためには、古くなって使えなくなってしまった行動パターンに気付くことが必要です。まるで、使い古された窮屈な靴を脱いで新しい靴に履《は》き替える感覚です。気付けば新しい行動パターンに少しずつ変えていけばいいのです。新しい靴は最初は馴染《なじ》むまで、指に当たったり靴ズレしたりしますよね？　でも、履き続けていたら、自然と今の自分の足の形に馴染むようになります。

私の反射的な反応のなかで最も強かったことは、「怒られること」でした。とにかく怒られることに過剰に反応していました。「怒られる＝自分の人格を否定される、人が自分から離れていってしまう」、という図式が、私の中にあったのだと思います。

私の地雷《じらい》――「怒り」への恐怖

気が付いたら幼い頃から怒られないようにとばかり考えて、言動や行動を先回りして考えてしまう行動パターンが身に付いていました。他にも、自分には直接関係なくても機嫌《きげん》が悪い人がいると胸が苦しくソワソワしてしまったり、無意識に「私のせいで怒っているのかな?」と思ってしまい、早く相手の機嫌を直さなければと考えてしまうこともありました。今なら、自分には関係ないことで相手が勝手に怒っているだけ、と割り切れるのですが、以前はそう簡単に考えることができませんでした。身体が勝手に反応してしまっていたのですから。

このように、人から怒られたくないという思いが強かったせいか、人に怒ることができませんでした。私にとってこれは大きな悩みとなりました。

特に、仕事上でおかしいと思ったことや自分が許せないと思ったことでも、怒ることができませんでした。怒りを感じても冷静を装《よそお》ったり、茶化したり、大人ぶって心が広い人間を演じてしまい、今怒るタイミングだ！　と頭では理解できても、決して怒りの感情を出すことはできませんでした。

「なんで私は怒れないのだろう？　情けない、何を怖がっているのだろうか？」と、自分をしょっちゅう責めていました。

子どもが産まれ、時には親として怒る場面も出てきますが、それでもなかなか怒れないこともありました。そして、子どもが怒られているのを見ると、自分が怒られているかのように胸が苦しく感じてしまうのです。これは今でもあります。人が怒られている姿をどうしても昔の自分に重ねてしまうクセのようなものが、身に付いているのかもしれません。

数年前に自分で取り組んだワークの中に、「あなたが人に向かって一番表現しにくい感情はどんな感情ですか？」というものがありました。

私の回答は、「怒りの感情」でした。「その感情を出すことでどんなことが起こるのを恐れていますか？」という質問が続き、その答えは、「『人から嫌われる、築いてきた関係が壊れてしまう、相手が悲しむ、恨まれる、人が離れていく』ことを恐れ、怒りの感情を出すことで、相手や相手の考えを否定することに恐怖を感じる」と書いていました。

私は、ある人物との関係をそのことに重ねてみていることに気が付きました。

それは、私の父親でした。

子ども時代に自分が傷ついてきた経験を思い出し、父親との関係を大人になった今でも、目の前の人間関係のなかに、みていたのです。

幼い頃から、父親に怒られたり、母へのモラハラをみて悲しい思いを繰り返し味わってきたので、「怒ること」は、私が幼い頃に感じた気持ちと同じように、相手を悲しませてしまうのではないか？　と、心のどこかで感じていたのでしょう。

また、「実際に怒りの感情を表に出したら、自分の感情をコントロールできないのでは……」という、漠然《ばくぜん》とした恐怖感もありました。

感情の裏に隠された「本当のメッセージ」

このように、人にはそれぞれ感情の裏にメッセージが隠されています。ただ、ネガティブな感情にはなるべく向き合いたくないという気持ちから、その感情に隠されたメッセージに気付くことができないのです。

自分で気付くことができない限り、その感情は、その後もずっとメッセージを発信し続けてきます。まるで、感情から「本当のメッセージに気付いて！」と訴えかけてくるかのようです。

何度も同じような出来事や、たびたび湧《わ》き起こる感情に悩まされている……。あなたの日常で、このようなことはありますか？

もし思い当たることがあれば、それはあなたの心の声（感情）からのメッセージです。解消されていない、あるいは自分自身認めたくない無意識の記憶が接着剤となって、反射的に身体が反応しているだけなのです。なんか胸がザワザワする、苦しい、呼吸が浅く、身体が硬直《こうちょく》する。そのような心の声を聴き、認めて受け入れていくプロセスこそが、人が成長していくことでもあり、カウンセリングの大きなテーマにもなります。

◆コラム◆感情の断捨離ワーク

コラムでは、日常で活かすことのできる実践的なワークを紹介します。この章でお話しした内容に関連のあるワークを取り上げていますので、ぜひ取り組んで活用してみてください。

このワークに取り組むことで、あなたの心地よい感情、不快な感情を客観的に把握でき、あなたの感情の源泉を発見できます。ワークではあなたの表現しにくい感情に向き合うことで、隠れた本心をみつけていきます。

①　あなたが人に向かって一番表現しやすいのはどんな感情ですか？

日常生活でのあなたの人間関係を振り返ってみましょう。

パートナー、友人、会社の人間関係、両親や子どもなど、あなたが最も相手に表現しやすい感情は何でしょうか？

それは喜びでしょうか、感謝でしょうか、楽しさでしょうか？

② 一番表現しにくいのはどんな感情でしょうか？

怒りでしょうか、嫉妬《しっと》でしょうか、悔しさでしょうか、悲しみでしょうか？

③ ②であげてもらった一番表現しにくい感情を表現することで、どんなことが起こるのを恐れていますか？

たとえば、怒りの感情を出すことで人間関係が壊れるのを恐れているでしょうか？

嫉妬の感情を出すことで、自分の人間性を疑われるのを恐れているのでしょうか？

なぜ、その感情を出せないのでしょうか？

④　ワークに取り組んでみて、あなたがこの時間で発見したこと、気付いたことはどんなことでしたか？

あらためてあなたが書いた内容を読んでみましょう。声に出してみてください。どんな感じがしますか？　気付いていなかった深層心理がみつかりましたか？それは、あなたの過去の出来事が影響しているのかもしれませんね。環境が大きな影響となっているのかもしれません。正直にあなたの言葉で書いてみましょう。

⑤　④の気付きを日常生活で活かすために、あなたはどんな行動を起こしますか？

どんなことでも、インプットした学びは、アウトプットすることで何倍もの効果を生み出します。明日から取り組める行動はありますか？　無理しないで大丈夫です。これならできそう！　と思う一番簡単でハードルの低いことから始めてみましょう。

ポイントは、具体的に書いてみることです。あなたが実際に行動している場面をリアルにイメージしてみましょう。具体的になればなるほど、行動することが簡単になります。階段の一段目をハッキリさせれば、その階段を上ることは可能です。みえない階段のステップを具体的にすることでみえるようにしていきましょう。

そうすればどんな険しい階段でも上ることができます。

⑥ その行動を起こすと、どんな結果につながっていきますか？

階段を上ることで、どんな景色がみえますか？

ポイントは行動を起こした後の結果をイメージし、その結果が出たらどうなるか、と自分に問いかけることです。上手に書こうと思わなくても大丈夫です。未来のいいイメージを思い浮かべながら書いてみましょう。

書けば書くほど、「できそう！」という実感が湧《わ》いてくるのを感じるでしょう。

第二章　「他人から嫌われたくない」症候群

父に対するコンプレックス

「家族」という言葉を聞くと、あなたはどんなイメージを思い浮かべますか？

おそらく答えは一つではないでしょう。きっとそれぞれの育った家族環境を思い出し、そこに世間一般の家族像を照らし合わせ、「こうあるべき」あるいは「こうあって欲しい」という思いを抱き、家族というものをイメージされているのではないでしょうか？

私個人は、後者の「こうあって欲しい」という思いを幼い頃から抱いてきました。

そして大人になると、前者の「こうあるべき」という考えに縛《しば》られて生きていることに気付きました。なぜそういう思いに至るようになったのか？　自問して考えてみると、そこにはこんな思いがありました。

私は、幼い頃から父親に対してコンプレックスを抱いていました。

父は団塊《だんかい》世代の人間だったのですが、とにかく学歴至上主義で、学歴が人生を決めると、本気で思っているような人でした。そんな父の元で育った私は、当たり前のように学歴を重視され、成績が悪いと人として認められない、まるで欠陥人間のように扱われていました。「なんでおまえは俺の子なのにできないんだ！」そんな言葉を浴び、父の期待に応えられない自分には価値がないと思うようになりました。そして、小学校高学年の頃には父の基準に満たない自分を責めるようになり、いつしかその思いが怒りや恨みに変わっていきました。父は私にとって、父自身の期待や価値観を押し付ける、理不尽《りふじん》な存在となっていったのです。

やがて成長し、大人になっても、私の気持ちは幼い頃の思いを引きずったままだったのです。学歴の期待には応えられなかったけど、仕事で認められる立派な社会人になって、「父に認めて欲しい。褒めて欲しい。受け入れて欲しい。自分の人生、生き方を信じて欲しい。愛して欲しい」。そう心のなかでは思っていました。

それでも、父親に自分の本心をみせたことはなく、とにかく怒られないよう、父にとっての「いい子」を演じ、二人きりではまともな会話をした記憶がほとんどありません。常に父の地雷《じらい》を踏まないように空気を察知《さっち》し、言葉を選んで接してきました。

父が何か話すたびに相槌《あいづち》を打ち、「男は仕事してお金を稼いでくるから大変なんだ。だから学歴が大事だし、いい大学に入っていい会社に入ることが全てなんだ。男の人生は学歴で決まるし、勉強を頑張った奴が最後は報《むく》われるようにできているんだ」と、いつもこんな話ばかり聞かされていました。

父の話を聞きながら、心の中では「学歴が全てではない」と、反発していたのですが、父への恐怖心から「そうだね。お父さんは頑張ってきたんだね」と、表面上は父の発言を肯定し、自分の意見を話すことをずっと我慢してきました。父の機嫌を損《そこ》ねたらどうなるか、嫌というほど身体に染みついていたからです。

その条件反射が、大人になってからも人間関係に大きな影響を及ぼすこととなりました。ずっと背伸びをして生き、必要以上に人からの評価を恐れ、他人の期待に応えること。そのことが、自分の存在価値を認める唯一の手段でした。その当時は、まさか父親との関係が自分の悩みの原因だとは思いもしませんでしたが……。

今、カウンセラーとして多くの方と接し、また、心理の学びを深めるなかで自分をみつめ直してきたことから、「悩みをみつめることは、自分をみつめることなんだ！」と、あらためて思います。

そして、自分をみつめることは、イコール自分の親との関係をみつめ直すことでもあるのだと気付かされました。

空虚感や欠乏感を抱えて

家族という存在が子どもにとって「安全基地」だと感じられない場合、子どもはなんとか適応しようと、本能的に自分の振る舞いを確立していきます。この適応自体は自分を守るという目的があるため、悪いことであると一概《いちがい》には決めつけることはできません。

ただ、自分に無理をさせてきた結果、人間関係や生き方を苦しめるのであれば、変える必要があります。

私の場合、心の中でずっと空虚感や欠乏感を抱えて生きてきました。夢や目標もこれといってありませんでした。極力《きょくりょく》、人間関係においては波風を立てないように意識していたので、周囲からは人当たりがよく、礼儀正しいと思われていたかもしれませんが、「自己主張をすることは相手を否定する」という思いから、謙虚《けんきょ》に振る舞っていたに過ぎません。自分をよくみせることばかりに執着し、背伸びをして生きてきました。等身大の自分を相手にみせることに恐怖を感じていたのです。苦しい胸の内を隠すために、いい子を演じてきたともいえます。

本当の自分を隠してきたので、「いつか本性《ほんしょう》がばれるのでは？」と、常にビクビクしていて、その不安を隠すために、さらに嘘の自分を塗り重ねていくという悪循環に陥《おちい》っていたのです。

その結果、私の勝手なイメージの中では、こんなふうに考えるようになりました。

「私の身体に付着した埃《ほこり》を払えば、自信のないハリボテの私が姿を現し、周囲にばれてしまう……」

周りの「やっぱり井上はダメなんだ」という冷めた目線や、結局、期待ハズレだと離れていってしまう姿が脳裏《のうり》に浮かぶようになりました。見た目はそれなりに取《と》り繕《つくろ》っているのに、裸になるとこれといってなんの魅力もない、自分のことをそんな人間だとずっと認識していたのですね。

人生の転機《てんき》――結婚、子どもの誕生、転職

そんな私に、転機が訪れる出来事がありました。当時付き合っていた彼女（今の妻）との結婚、子どもの誕生です。その時、二五歳でしたので、正直ビビりました……。翌年、長男が無事に産まれ、その勢いでマンションも購入。三五年ローンが、私の肩に重くのしかかりました。今まで、なんとなく生きてきた自分にとって、人生の大きな転機です。

そして息子が七か月の頃に、全くの異業種へと転職。若さって怖いですね……。

転職して、イベントや展示会などの空間デザイン（図面）の提案から実際の発注、現場での施工までを請け負う会社の営業を担当することになりました。

具体的には、デザイナーが描いた図面をもとに見積もりを作成し、実際に建て込みする

ために造作物《ぞうさくぶつ》（木工、床材、壁材、グラフィック、電気周り）の発注コントロールをし、現場で図面どおりに収めるために管理をする仕事で、入社した当時は幕張メッセで開催されていた、東京モーターショーの、とあるメーカーのブース施工や運営周りを当社の社員が担当していました。夜間・早朝作業や土日がつぶれることもしょっちゅうある、わりとハードな仕事でした。

しかし、理想と現実は違い、その仕事が自分に合わず、悩みは大きく広がるばかり。年収も前職と比較して一〇〇万近く下がり、一方で子どもは順調に成長し、それでも自分の決めたことだからと歯を食いしばって頑張ってきましたが、悩みが深まっていくのを見て見ぬ振りをするのも、そろそろ限界でした。

前職は飲食チェーン業界で働いていました。最初は店舗勤務だったので、拘束時間が長く、朝から夜遅くまで一四時間労働は当たり前でした。一日ほとんど立ち仕事なので、体重もみるみる減り、当時は五五キロでした（身長一七七センチ）。

新卒で飲食業界に入り、現場叩《たた》き上げの二四歳で店長を経験した後、加盟店の指導をするSV（スーパーバイザー）を二年ほど勤めました。コンビニを思い浮かべると分かりやすいかもしれません。本部に加盟してくれたオーナーには店舗の看板や商品を扱う権利を与え、本部指導の下、実質オーナーとしてお店を運営していきます。

お店を運営していくにあたって、トータルでサポートするのがＳＶの仕事で、本社の意向をしっかりと伝え、お店のレベルを落とさずに、チェーン店としての安心をお客様にしっかりとアピールするためには、なくてはならない職種です。当時はＭＡＸで一一店舗担当していました。

こうして書くと、働いた会社は二社でしたが、一般的にはハードな職種でしたね。

自分をみつめることからの逃避《とうひ》

外からみるとバリバリの仕事人間で、結果を出しているようにみえますが、内心は自分の自信の無さや不安を隠すために必死でした。店長仲間のなかで浮いた存在にならないように、敵をつくらないようにと、常に気にしていました。店長やＳＶは個性的で自己主張が強い人が多かったのですが、私はあまり発言せずに、淡々《たんたん》とお店の中で自分ができることをやっていました。

その結果、売上も上がり、当時店長をしていた店舗が、三〇店舗近くある直営店のなかでＭＶＰに選ばれたりすることもできました。実績だけ聞くと、いやいや、ちゃんと結果を出しているじゃないか、と思われるかもしれません。でも、私のなかでは結果を出した

周囲の目を気にして、ガムシャラに働く

ことについても、自分の力ではなく、たまたま運が良いのだと思い込んでいて、いつまでこの状態が続くのか、と、一時《いっとき》も心が休まることはありませんでした。

「むしろ、結果を出して周囲の自分を見る目が変わったからこそ、本当は自分に実力がないことが周囲にばれるのでは……?」と恐れ、無理してガムシャラに働き続けました。

それでも、いつまで経っても精神面で満たされることはありませんでした。結局、転職しても精神的に満たされることはなく、むしろ自分の勝手な思いで行動した結果、家族にも迷惑をかけてしまっている現実に罪悪感を感じ、しょせん、自分の実力なんてこんなものか……、世の中うまくいかないようにできているんだと、行き当たりばったりで生きてきた自分の無謀さのツケが、今、回ってきたのだと考えるようになりました。

「今まで勢いだけで生きてきて、現実をしっかりとみてこなかったんだ。自分には人生を変える力がないのか……」と思うようになりました。かといって、今まで自分の可能性にチャレンジすることに、どこかでブレーキをかけ、特にこれといって、自ら本気で望んで行動をしたことはありませんでした。

店長もSVも転職も、全て周囲の人の推薦やアドバイスがあって初めて行動に移しました。なぜなら、自ら動くことで自分の無力さを知ってしまい、言い訳できない状況に陥ることが怖かったからです。

周りから言われて動いたことは、あとで言い訳ができます。「だって自分の意思じゃなかったから……」と。でも、自分の意思だとそうはいきません。それだけ、自分で選択して動き、失敗することに恐怖を感じていました。失敗することが大前提だったのですね。

そのうち、「空虚感や欠乏感を抱えながらも仕事をして家庭を持ち、生活できるくらいのお金を稼げる自分は悪くないじゃないか。それが人並みの幸せなんだ。高望みなんてしないし、平穏で温かい家庭があれば十分だ。これが一番なんだ」と、自分に言い聞かせるようになりました。

気付けば私は、自分の人生にチャレンジすることから、とっくに逃げていました。自分自身に向き合う勇気もなく、そんな自分を認めることから逃げ続け、心のどこかで父親のせいにもしていました。

父から植え付けられた恐怖心

父とは幼い頃から折り合いが悪く、「なんで子どもは親を選べないんだ！」と、しょっちゅう思っていました。

父の存在は物心ついた頃から私にとって、とてつもなく大きいものでした。いつ父の機嫌が悪くなるか、まるで腫《は》れ物《もの》に触れるかのような、常にピリピリとした緊張感がありました。昔ながらの頑固な人で、家庭では父親の存在が絶対でした。学歴に異常にこだわり、父自身も有名校に進学し、大学も六大学に入り、日本の三大財閥《ざいばつ》の一つでもある、誰もが知る商社で働いていました。

そんな自分をよく自慢していましたし、そのことを唯一の自分の誇りというか、拠《よ》り所《どころ》のようにしていました。今思うと、父自身、大きな学歴コンプレックスを抱えていたのでしょう。自分の兄や親戚は優秀な人ばかりで、弁護士や、東大・早稲田大学出身の人がいたのだから、なおさらでしょう。父の口癖は、「いい大学に入って、いい会社に就職した人間が勝ち」「そんなの常識だろ」でした。

父は全てにおいて、自分中心に家族が回っているのが当たり前という考えだったので、少しでも自分の気に入らないことがあると手がつけられなくなります。母や姉への暴言や暴力は見てきましたが、自分自身のこととしては、幼い頃にこんなことがありました。

小学校三年生くらいの頃に剣道を習っていたのですが、初めて防具を着けられることになりました。たまたま防具を取りに行く日は、高熱を出して寝込んでいたので、母親に学校まで取りに行ってもらったのですが、家で防具を見た瞬間、本当に嬉しくて家の中で防具を着用し、熱も忘れて竹刀《しない》を使って遊んでいました。かなり興奮していたのでしょう。

父から注意されても珍しくやめませんでした。

その次の瞬間、父は、私が持っていた竹刀を奪い、その竹刀で私の顔面を何発も何発も殴りつけました。私は、焼けるような痛みを顔中に感じ、あまりの恐怖に泣きじゃくりました。

「俺に逆らうな！　言うことを聞け！」

いったい何発殴られるのか……と意識も遠のき、なんとか別の部屋に逃げ込み、身体を丸め、震えていたのを今でも覚えています。母親はたしか、『なんでお父さんの言うことを聞かないの！』と言っていたような気がします。

他にもいろいろあるのですが、父は、子ども相手でも、自分が馬鹿にされたと思うと本気になる人でした。

ある日、プロレスごっこのような真似事を父としていたのですが、私の蹴った足の当たり所が悪かったのか、相当痛かったようで、その後、鬼のような形相《ぎょうそう》で私に向かってきて、本気で殴り蹴り、このままだと殺されると思うほどでした。

子ども心に「この人なんなんだろう⁉　ちょっとおかしい⁉」と思うようになりました。

相手は人だけでなく、犬にも本気になります。同じく小学生の頃に、父と田舎の近所を散歩していたら、たまたま番犬に吠えられ、ふいに驚かされたことに父は腹を立て、その場に転がっていた石を犬に向かって本気で投げ始めました。

「この野郎！　犬のクセに驚かせやがって！　馬鹿にするなっ！」

父がこう言いながら、全力で犬に向かって石を投げていた出来事が記憶にあります。その光景を目の当たりにし、やっぱりこの人を怒らせると自分の身がどうなるか分からないと、思うようになりました。

そんな環境の中、育ってきたので、父の機嫌を損ねないように振る舞う術《すべ》を自然と身体が覚えたのでしょう。

父に言われたとおりに生きるのが当たり前

父の前では、自分の意見を言わず、とにかく怒らせないように生きていこうと決めました。幼い頃の記憶が強烈だったこともあるでしょう。必要以上に父を恐れるようになっていたのかもしれません。その思いは成長してからも変わりませんでした。父に意見を言ったらどうなるか分からないという恐怖に、ある意味、洗脳されてきたともいえます。

高校生になっても、父が会社から帰ってくる時間になると、なるべく不自然にならないように気を付けながら、すぐに二階の自分の部屋へと逃げるように移動し、父と接触しないようにしていました。一週間に最低でも数回は父が母を罵倒《ばとう》し、怒鳴っている声が一階から聞こえてきて、胸騒ぎを感じていました。

これだけ大きくなっても、幼い頃から植え付けられた恐怖心は記憶として残り、私という人間の深い部分にこびりついて離れなかったのです。

たとえば、仕事で父と同じようなタイプの人や、見た目や体型が似ている人に会うとうまく話せなくなったり、体が熱くなり鳥肌が立ったりもしました。

感情を表に出す人、特に偉そうな人には、その場では言うことを聞いていましたが、心の中ではものすごい嫌悪感と怒りを感じていました。それでも、表面上は、無意識に気に入られようと振る舞っている自分がいました。権威的な人には過剰に反応していたのですが、そこに父親の姿を重ねて見ていたのでしょう。

父に言われたとおりに生きることが当たり前、期待に添わないとボロクソに怒られ、全否定される。そんなことを繰り返し味わってきたので、「自分の意見は間違っていて、父の言っていることが正しいのだ」と、自分に言い聞かせてきたのですね。たとえ、父が理不尽なことを言っていたり、明らかに感情的になって間違ったことを言っていても、そう言われ続けると正しいことのように思えてしまうのです。

冷静に考えるとおかしな話ですが、当時はそうでも思わないと自分の存在が無くなってしまいそうで、家に自分の居場所を確保するためには、父の言うことに意見してはいけないのだ、と学んだのです。

それは、幼い頃から見てきた母親の存在が大きかったように思います。父には全く意見を言わず、何もかも父の言うとおりにして生きてきた母の姿を見てきた影響も、きっとあるのでしょう。

詳しくは第四章でも述べますが、そんな自分の無力さ加減に、情けなさと恥の感情をずっと抱いてきました。母を助けてあげることもできない自分、父を恐れるあまり、思ったことを口に出して言えない自分……。それでも、そんな自分を受け入れたくない、なんて中途半端な存在。

そこに自分の意思や考えはなく、まさに父のロボットでした。

「なんて自分の人生はつまらないんだ!!　いい年して、父に反抗する勇気もない……」

そんな状況でも、子どもの私にとっては、父に認められることが全てだったのです。

「他人の評価」というみえない鎖

カウンセリングをしていて、よく聞く悩みがあります。それは、「他人の評価や目線が気になる」という悩みです。必ずと言っていいほど出てくる悩みの一つです。人間は誰しも、大なり小なり他人の目線を気にする生き物ですが、過剰に気にしてしまい、日常生活に支障をきたす場合、悩みは深刻となります。

その背景には、「失敗したくない」「ダメな奴だと思われたくない」「期待に応えなくちゃ」など、必要以上に自分自身をよく見せようとしていることが挙げられます。このような思いが強すぎると、身体の反応となって表れることもあります。

たとえば、人前で話すと声や手が震えたり、異常に発汗したり、赤面したり、吃《ども》ったりする、などです。頭の中が真っ白になってしまうという方もいらっしゃいます。

その多くは、過去に一度でも人前《ひとまえ》で恥ずかしい思いをしてしまったがために、今でもその時の記憶に囚《とら》われてしまっています。まるで自分以外の他人が裁判官かのように、常に評価（ジャッジ）されていると思ってしまうのです。

その結果、行動することを極端に恐れたり、過去にうまくいったことにしか手を出さなかったり、行動範囲が狭くなります。また、必要以上に自分を責める傾向にもあります。たとえば、相手の反応が思ったより鈍かったなど、ちょっとしたことでも、わざわざ自分を追い込み、「やっぱり私のせいだ……」と、負のスパイラルに入り込んでいきます。

信じられないかもしれませんが、わざとそのような環境に自分の身を置いているという見方もできます。なぜかというと、幼い頃から慣れ親しんだ環境だからです。親から繰り返し言われてきた言葉どおりの自分を、大人になっても再演しているのです。

人は、自分はこんなものなんだと無意識に思っているレベルに落ち着くのです。『ファミリーシークレット――傷ついた魂のための家族学』のなかでは、次のように述べられています。

「あなたの父親があなたに禁じた感情は、彼の暗い秘密の手がかりになる。子どもに泣くことを禁じる父親（主に男の子どもに対して）は、秘密を持っている。あなたの父親はきっと泣きたいのだ。しかし『泣いてはならない』と自分に禁じているのだ。臆病な子どもを叱る父親は、彼自身、ひそかに恐れを抱えているのである。

また、あなたの父親が感情を抑制できない人だったら、彼は秘密を持っている。あなたの父親は、おそらく非常な怒りを抱えていて、その怒りを完全に過った方法で吐き出しているのだろう。その結果、あなたはあなた自身の怒りを抑圧される。父親のすさまじい怒りがあなたを威嚇しているからである。あなたが気がつかなかったこと、それは、彼の怒りが、彼の恐れや無能感を覆い隠すためのものだったかもしれないということだ。

子どもは、『お父さんは自制を失っている』と気づかない。いや気づかないのではなく、事実を直視するより楽な方法を選ぶ。『いけないのは自分だ、自分がいるからお父さんが怒るんだ』と考えるようになるのである。」

私と父の関係（または母と父の関係）に重なる部分が多く、根深さを感じます。「相手が悪いんじゃない、自分が悪いんだ。自分ができない人間だからいけないんだ」、と。

過去の親との関係がこのようにして、目の前の相手との関係の中に表れるのです。

そんな、他人の評価という目にみえない鎖《くさり》は、年月を積み重ねるたびにジワジワと身体を締め付けます。がんじがらめになっていることすらも気付かないほど、鎖を身にまとっている自分が当たり前となってしまっているのです。

私は学生時代～社会人の初期頃がピークでしたね。周りの目を気にしすぎる自分のことを、内心、おかしいと思っていました。

いくつか事例を挙げてみますね。

・買い物に行った時、何も買わずに店を出ることに罪悪感を感じる（店員に何も買わないのか！　と思われそう）

・一回入った店に後からもう一度行けない（顔を覚えられていて、また来たよ……と思われそう）

・一人で飲食店に行きづらい（寂しい人だと思われそう）
・バスに乗った時に小銭がなく、お札しかない状況の時に両替しづらい（周囲の自分に向けた刺さるような視線が気になる。お札があるのにわざわざ友人に小銭を借りたりしていました）
・髪型や服装が気に入らないと気分が一気に下がる（常にベストな状態で見られたい）小学生低学年の頃だと思いますが、髪型が乱れるのが嫌だから、横になって寝たくないと言って、押入れの中で座りながら我慢していた記憶があります。
・会議で発言できない、人に質問できない（こんなことも知らないのかとあきれられたり、できない奴と思われるのが怖い）
・送信メールを何度も読み返す（相手にどう伝わったか、どう思われているかが、異常に気になる）
・友人と一緒に遊んでいて、トイレなどの用事で席を外した時に、自分のことを話しているのではと不安になる。（悪口や、言われたくないことを言われているのではないかと不安になる）
・カラーシャツを着られなくて、必ず白シャツ着用（脇の汗染みを見られたら恥ずかしい、周囲に引かれそう）

このように、常に他人からの目線や評価を過剰に気にしていました。他にもあったと思いますが、とにかく自分がどう見られるかということに、ものすごく過敏で執着していたともいえます。自分が、少しでもマイナス評価されることを異常に恐れていました。

他人が自分に対して行う「能力」や「行動」に関するネガティブな評価を、自分の存在や価値そのものが否定されたかのように受け取ってしまっていたのです。こんな生き方を続けていたら息が詰《つ》まるのは当然だし、人付き合いに疲れてしまうのは、明らかです。

「そのままの自分には価値がない」という思い込み

なぜ、そこまで他人からの評価を気にしていたのでしょうか？　自分で自分のことを認めることができなかったのでしょうか？

それは、「そのままの自分には価値がない」と思い込んでいたからです。

何か特別なことができる、たとえば人に自慢できるような特技がある、これだけは負けないという趣味がある、今まで何かに一生懸命打ち込んで結果を出したことがある（勉強や部活、趣味や習い事）など、人に誇れるような「アピールポイント」がないと、自分には価値がないんだと思えてしまうのです。だから他人の評価に執着してしまうのです。

けれど、この他人の評価こそがバッドループの入口となります。人によって評価は千差万別だし、仮にその時点での評価が良くても、もっとすごい人が現れれば、すぐに評価は変わってしまいます。このように、自分でコントロールできないことに執着しても決して報われることはないのです。

背伸びをした自分のまま生きていると、無理が生じるので、自分自身のバランスを保つために、はけ口を無意識に探すようになります。病気やうつ病、依存症など、そのケースは様々ですが、私の場合は「アルコール」でした。

お酒は私にとって「力の象徴」そのものでした。一般的には、薬、お酒、タバコ、仕事、買い物、ギャンブル、セックス、ネット、ゲームなど、依存する対象はたくさんあります。一つだけではなく複数依存してしまうケースもあります。

『ファミリー・シークレット——傷ついた魂のための家族学』では、次のように述べられています。少し長いですが引用しますね。

「感情が麻痺している者は、何かに中毒する危険性がきわめて高い。気分転換として中毒するものを見つけ、それを利用しないでは生きていけなくなる。

アルコールやコカインを使うと、好きなように感情を変えられる。またワーカホリックになって強迫的に働いたり、ギャンブルやセックスにふけったりすれば、ほんとうの感情から目をそむけていられる。すべての中毒行為は、気晴らしなのだ。
あなたの父親がなにかに中毒していたら、それは抑圧された感情が原因である。しかし彼はおそらくそのことに気づいていない。抑圧された感情のメカニズムは、人生の早い時期に始まるものだからだ。彼は、見た目よりずっと、傷ついた感情を抱えている。(中略)
父親の、物言わぬ、徹底した罰、辱めといった残酷さは、彼自身が子ども時代に負った辱めからくる抑圧された感覚の表われである。あなたは、あなたがいったい何をしでかしたのか、なぜそんなにいけないことなのか、理解できない。そして事実、あなたがしたことは悪くないのである。ただあなたの行為が、あなたの父親がかつて似たようなことをしてひどい辱めを受けたことを思い出させるのである。か弱い子どもだった彼は、自分を守るための怒りを禁じられ、自分の感情を表現しようがなかった。あなたは、そんな彼の子ども時代にひっそりと生じ、化膿した怒りの受け手にほかならない。」

自分の感情や意見をそのまま表に出せないと、その感情は行き場を失い、まるでクローゼットの中にゴミを溜め込み、その匂いを嗅ぎたくないから見て見ぬ振りをし(本当の感情から目を背ける)、そのことを考えたくないから、麻痺させるために外的なものに依存するのです。依存している間は、自分の気持ちを自分の力でコントロールしていると錯覚できるので、気分が高揚《こうよう》し、その結果、やめたくてもなかなかやめられなくなります。

自分を裏切り、他人も裏切る二重のトラップ

バランスを取るために、無意識に外的なものに依存してしまう根本の原因は、弱い自分を認めずに無理をしてしまうことにあります。理屈や意識では自分を正当化して、「うまく振る舞おう」「波風立てないようにしよう」「期待を裏切らないようにしなくちゃ！」と自分を律します。でも、心の中の本音では、そんな弱い自分を責めているのですね。

なぜなら、良かれと思っていることが、結果的に自分を裏切ることになり、嘘の自分で相手に接しているため、他人を裏切ることにもなっているからです。そうです、自分も相手もダブルで否定していることになるのです。

この二重のトラップに気付いている人は、実はほとんどいません。カウンセリングなど第三者との客観的な対話でそのことに気付くケースが多いのです。

ここで、私のクライアントさんのケースを参考までにご紹介します。

Kさんという二〇代の女性の方です。Kさんは幼い頃から自分を追い込んでまで物事に

のめり込み、調子を崩すということを繰り返してきました。恋愛においても結果的にパートナーと深い関係になれずに、自ら関係を壊してしまうようなところもありました。

Ｋさんは地方から上京して、関東で働いていたのですが、いろいろあって地元に戻ることになりました。地元に戻り、新たな転職先を探して、無事、就職することができました。ところが、その会社に就職して働けていることに感謝の気持ちはなかなか湧かず、どちらかというと卑屈な思いを抱き、「私が働くべき場所じゃない」と、心の中で思っていました。

知人にもそこで働いていることを隠したい思いにかられていたそうです。かといって、親に迷惑をかけたくないので、仕事を辞めるわけにもいかず迷っていました。せっかく就職先が決まっても、素直に喜べない状況でした。

セッションを重ねるうちに、少しずつ自分の感情と向き合う習慣ができてきて、白分の価値観や大切にしたいことなどが分かってきました。Ｋさんは自分に無理をして頑張れば頑張るほど空回りし、他人の嫌な面ばかり目につくなどの問題を抱えていましたが、少しずつそんな自分自身を受け入れることができるようになってきました。

変化の一番の要因は、過去の自分の成功体験やうまくいった時の行動パターン、環境を思い出せたことです。

そのことが、仕事への捉え方を大きく変えたのです。それは、仲間と一緒に同じ思いを共有し、一つの物事をやりきるという経験でした。うまくいっていない時のKさんは「仲間は邪魔な存在」「嫉妬の対象」「自分が正しいと思うことができない」など、周囲の存在をネガティブに捉えていました。でも、セッションで過去の成功体験を振り返った結果、なんと全て「仲間や他人のサポート」が絡んでいたと分かったのです。これにはKさん本人も「まさか！」とびっくりされていました。なんでも自分の力でやってきたと思っていたからです。でも、あらためて見直すと「他者のサポート」があって初めて物事がうまくいっていたことに気付かされたのです。そして、それは今の環境にもそのまま当てはまることでした。

各々の得意なことを見出し、それを適材適所に役割として与え、全体を指揮して結果を出すことに、Kさんは大きな喜びを感じていたのです。Kさんにとっては当たり前のことだったので気付かなかったのですね。皆で協力して一つのことを成し遂げて達成感を共有することは、実は昔から自然にやっていたことなのです。

たまたまメンタル面で自分を追い込んでしまった結果、もともと自分の中にあった要素を忘れていただけなのです。「自分一人では絶対に気付きませんでした！　私は、今の職場でやるべきことをみつけました。納得のいく結果が出るまでチャレンジします！」と、心強い一言を、Ｋさんは私に話してくれました。

私自身、たくさんの思い込みに悩まされ、苦労してきました。過去に、自分がどんな思い込みを持っているのかピックアップしてみたことがあります。

すると、こんな「思い込み」が出てきました。

・人には好かれるべき
・人の期待には応えなければならない
・人を楽しませなければならない
・家族は仲良く、温かい関係でいるべき
・良い夫、良い父親でなければならない
・人を悲しませてはいけない
・人を怒らせたり、争ってはいけない
・男は仕事ができてこそ価値がある
・男はしっかりと稼ぎ、家族を養うべき
・人にＮＯと言ってはいけない
・人前で目立つと攻撃され、ガッカリされる

・自分がやりたいことをやると親が悲しむ

深い部分では、これらの思い込みは自分自身を守る防衛の意味もあったのですが、これらの思い込みに囚われ過ぎると、自ら生き辛くしてしまう原因にもなります。これらは、ある出来事や状況が起こる度に、自分の中のプログラムとして無意識に反応し、一定の感覚や感情を引き起こすパターンとなっていたのです。

隠していた感情を認めれば、楽になれる

過去にこのことを、理屈ではなく感情として腑《ふ》に落ちる体験をしたことがあります。

二〇一〇年五月頃の話です。

とあるセミナーに参加した時に、参加者全員と一対一でペアを組み、相手の良いところ、悪いところを相手の目を見て伝えるといったワークがありました。私は、相手の悪いところを言う時と自分の悪いところを言われる時に、ものすごい嫌な感覚や、胸が締め付けられるような苦しさを感じ、とまどいました。特に自分の悪いところを言われる時は顕著《りんちょ》でした。

はっきりとは思い出せないけど、以前も感じたことのある嫌な感覚でした。それは、で

きれば避けたいものでした。「なんで相手のことを深く知らないのに、そんな失礼なことを言わなければならないんだ？　そして、言われなければならないんだ？」と、とても胸が苦しく、痛くなり、その場にいるのが辛く、私は、居ても立ってもいられなくなったのです。身体の反応は正直でした。

「もうこんなこと言いたくないし、言われたくない！　苦しい！」高ぶる感情を抑えきれず、気付くと私は、人目も憚《はばか》らず顔を真っ赤にして大粒の涙を流していました。

そして、「こんなワークはやりたくありません。なぜこんなことをやるのですか？」と、その場にいたトレーナーに抗議しました。私にとっては大胆な行動でした。

実は、この感情こそが、私が人生で最も避けてきたこと、みないように蓋《ふた》をしてきたことでした。他人の言葉や態度ばかり気にして、自らを抑圧し、他人の期待に応えるために必死に生きてきた私のプログラムだったのです。

それは「傷つきたくない」という思いでした。なぜなら、嫌われたくないから。こうして自分を守るために傷つかないような生き方を、幼い頃から選択し、身に付けて生きてきたのです。その事実に気付き、隠していた感情を心の底から認められて以降、少しずつ楽になっていきました。

◆コラム◆人生のトロフィールーム

クライアント事例で取り上げたKさんが、実際に取り組んだワークを紹介します。このワークに取り組むことで、あなたの能力や心地よい状態の時に、無意識に取っている行動のヒントが分かります。過去にできるようになったこと、達成したことを振り返って、「その時感じたこと」を書き出します。

印象に残った言葉や、よく出てくる言葉等のキーワードが分かります。そのキーワードは、あなたの生き方に対する価値観や将来への願望も含んでいます。

あなたが今までにできるようになったことや達成したことはなんでしょうか？（日常のささいなことでかまいません）

それはなぜ、できるようになったのでしょうか？　また、その時に実感した気持ちを書いてください。それらを書き出して、最後にあなたが感じたこと、思ったことを書いてください（できるようになったことや達成したことを振り返り、自分にも豊かな能力があることを感じてみましょう）。これは、あなたの人生の勲章《くんしょう》であり、トロフィーです。

①　できたことや達成したこと：

なぜできましたか？：

実感：

②　できたことや達成したこと：

なぜできましたか？：

実感：

③　できたことや達成したこと：

なぜできましたか？：

実感：

④　できたことや達成したこと：

なぜできましたか？：

実感：

①〜④を書いて感じたこと、思ったこと：

《自分にとってのキーワード》
印象に残った言葉やよく出てくる言葉、似た意味合いの言葉や文章は、あなたの生き方に対する価値観や将来への願望を含んでいます。書き留めておきましょう。

第三章　毒父《どくちち》への怒り

「父との関係」を見つめ直す

自分の中にあったネガティブ感情の存在と役割を知り、腑《ふ》に落ちてから、少しずつ生き方が楽になりました。ただ、そんなに簡単には父への感情がポジティブに変わり、すぐに受け入れられるようになったわけではありませんでした。

強引にポジティブに受け入れようと無理をしても、またすぐに元に戻ってしまうのは分かっていました。テンションとモチベーションが違うように、一時の感情コントロールでは効果がないのです。

あくまで過去は変えられない。今を生きながらも、しっかりと過去を自分なりに受け入れ、前に進むことが、その当時の私にできることでした。今は待ってはくれません。刻一刻と、現実は目の前に現れては消えていきます。その後、コーチングを受けることになるのですが、そこで得た気付きを、少しずつ日常生活で実践に移していきました。

まずは自分にとって一番の課題であった「父との関係」をあらためて見つめ直すことにしました。今まで単発のワークやセッションで、父との問題を取り上げたことはありましたが、思うような効果は得られませんでした。一回で劇的な変化を望むのではなく、自分のペースでコツコツと地道に向き合うことのほうが、私には合っていたみたいです。

ワークをしていて、まず思い出すのは、父の怒っている姿でした。しょっちゅう機嫌を悪くして、理不尽《りふじん》に怒鳴り、感情を剥《む》き出しにしている姿ばかりが思い出されました。家族にとっては、父を怒らせないことが生活するうえでの最優先事項でした。

少しでも父の機嫌を損《そこ》ねると、長時間その怒りは持続するので、いつその怒りの矛先《ほこさき》が自分に向くのか、ビクビクしていました。父の怒りのスイッチはどこで反応するのか、全く分かりませんでした。長年連れ添った母も分からないくらいなので、子どもに分かるはずがありません。それでも怒らせないためには、自分なりに父が怒るであろうポイントを分析し、そこを刺激しないようにすることが全てでした。

怒り狂う父とひたすら我慢し続ける母

どんなことに過剰《かじょう》に反応するのか、繰り返し話に出てくる会話は何か、口癖は何か。そして、いくつか父の怒りポイントが分かってきました。恥をかく。馬鹿にされる（されたと勝手に思い込む）。人が自分の言うとおりに動かない。世間知らず。学歴や大企業で働いていることを最重要視。田舎者差別。自分は人より優れていてすごいという優越感が少しても脅《おび》やかされると、過剰に反応し怒る。自分の意見が全て正しく絶対。女性差別。社会を知らない人間を見下し馬鹿にする。口癖は、「そんなの常識」。

本当に固定観念の塊のような人でした。

父は一度怒りの感情に火がつくと手に負えなくなるので、家族の誰も意見を言えませんでした。普通の話し合いはできず、少しでも気に入らないことがあると、延々《えんえん》と説教をし続け、いかに相手の考えが非常識であるかを何時間もしゃべり続けます。言われているほうは、だんだん自分が悪かったのだ、こっちが非常識な人間なのかもしれない、と、まるで洗脳のように思わされてしまうほどです。

たとえば、出かける時に準備が遅いと、イライラし始め、その後の外出の時間は終始機嫌が悪く、人を待たせるとは何事だという話を延々とします。たとえ時間に間に合っても、父が五分前に準備できていたら遅刻扱いになります。話がどんどん飛躍して、「もしおまえが社会人だったら誰からも信用されなくなってクビだぞ！」と、母や学生の私に社会人不適合というレッテルを貼り、「自分はそんなこと絶対にしないぞ！」と、こんな話が二〜三時間続きます。

母が車を運転していた時のことです。母はほとんどペーパードライバーなので、父が教官のように隣に座って運転指導して、父のＯＫが出ないと一人では車を運転させない、と

家族に延々と説教する父

いう暗黙のルールのようなものが我が家にはあったのですが、母の運転センスの無さに腹を立て、延々と五時間以上車内で説教をし、挙句《あげく》の果《は》てに、その場で母を車から降ろし、自分だけ車で家に帰ってきたことがあったそうです。

母は三時間以上歩いて家まで帰ってきたそうです。恥ずかしい話ですが、そんな暗黙のルールの影響で、私を含め、母も姉も、皆ペーパードライバーです。父の合格をもらえないと運転させてもらえなかった名残《なごり》が、父亡き後《あと》もいまだに残っています。そろそろ私も、あらためてペーパードライバー講習に行って、車を運転できるようにしようと思います。

また、父は母に対してしょっちゅう反省文を書かせていました。父が気に入らないことが起こるたびに書かされたと、母が言っていました。

内容は、なぜそのような出来事が起こってしまったのかの経緯と、今後どうすれば二度とそのような出来事を起こさずにすむかの対策だったそうですが、結局何を書いてもダメ出しされたそうです。母の行動を批判するのではなく、人間性を全否定するような「人間のクズ」「おまえは生きている価値がない」といった言葉も、よく言われていたそうです。

このような父の対応は、今でいう「モラルハラスメント」に当てはまります。怒られて悔しいと思う前に、恐怖感や面倒なことに巻き込まれたくない、という思いのほうが先に湧き起こるので、怒りの感情はしばらくたってからジワジワと思い出されます。そのような時、私は嵐が過ぎ去るのを願うかのように、ひたすら父の怒りが収まることを願っていました。

本人には、自分が悪いという自覚が一切ないので、怒ったあとは、何一つフォローはありませんでした。むしろ、自分の力を思い知ったか、二度と自分を怒らせたり、歯向かうようなことをしたらタダじゃおかないぞ、といった支配されている感覚やプレッシャーだけが残りました。

そういった環境では、自分が何を感じ、何をしたいかという主体性はなかなか育たず、父の価値観に合わせ、父を怒らせないことが全てだったのです。

家族での外食のトラウマ

我が家では、何かの記念日の時はたまに外食に行くことがあったのですが、そこで必ずといっていいほどトラブルが起こりました。

小学校低学年くらいの頃から外食でのトラブルの記憶が残っているのですが、父がいる時は、最後まで楽しく食事を食べ終わったことが一度もありません。たいていはその場の空気が悪くなり、他のテーブルのお客さんや店員から冷たい好奇な視線を感じ、穴があったら入りたいような「恥の感覚」に襲われました。毎回、外食に行くと父は怒るのです。準備が遅いことに怒り、お店の選択に怒り、注文した内容に怒り、とにかく怒ってばかりいました。周囲に聞こえるくらい大きな声で罵倒《ばとう》し、テーブルも叩《たた》くので、私たち家族のテーブルは周囲の注目の的でした。

なぜあんなに怒っていたのか、当時は理解に苦しみました。自分の出世祝いや誕生日祝いなのに大衆的なお店に連れて行かれた、こんなマズイ料理を俺に食べさせようとしたのか！　と、父は怒ります。せっかく記念日をお祝いしよう、父を喜ばせようと思った子どもの気持ちは一瞬にして粉々《こなごな》になり、かなりへこみます。父と外食に行くと、毎回こんな感じだったので、家族揃っての外食には良い思い出がありません。

食事の時間のほとんどが説教になり、その時は料理を味わうこともできず、「早くこの時間が終わってくれないかな……」と、そのことばかり心の中で思っていました。と同時に、とにかく自分たちが「普通の家庭じゃない」と周囲に思われることが苦痛で仕方なく、秘密がばれてしまうような感覚に襲われました。

こんな家族の姿は隠したいのに、世間にボロが出てしまった、と、私自身も世間体や他人の目線を過剰に気にするようになっていました。そんな父の言うことに一切意見を言わず、黙って話を聞き、謝り続ける母。謝っても謝っても、それでも「おまえは何も分かっていない！」と頭ごなしに言われていました。

子どもの自分にとって、そんな両親の関係は不思議でした。

「なぜ母親は父の言うことを聞き、嫌な思いをしてまでずっと一緒にいるのだろうか？自分の意見を全く言わないのだろうか？」その疑問は成長するにともない、どんどん大きくなっていきました。いつ両親の仲が崩れるのか、ハラハラしていましたが、結局、元どおりに戻っているのです。あれだけ嫌な思いをしても一緒にいることができる神経が全く理解できなかったのですが、今なら説明がつきます。

二人の関係は客観的にみるとおかしいのですが、心理の学びを深めるなかで、なるべくしてそのような関係になっているのだと理解できました。どういうことかお話ししますね。

人間には現状維持メカニズムがもともと備わっています。恒常性ともいいます。体温が下がると、鳥肌がたって身体《からだ》を温めようとします。これは、体温を一定に保とうと身体が無意識に反応しているのですが、このように「現状を維持」しようとします。逆に風邪などで熱が出て体温が上がると、発汗によって体温を下げようとします。これも、平熱にするために身体が勝手に反応しているのです。

このように、人間はどんな状況でも（たとえ不満があったり、心地悪くても）、今の状態が心地よい状態だと思うようにできているのです。

この話を踏まえたうえで、両親の話に戻すと、他人からみてどんなに二人の関係がおかしいものにみえたとしても、当人達にとってはその状態が「当たり前の日常」なので、母が父に意見を言うことのほうが、かえって不自然で、無理をしていることになります。結局は父が怒り、母は我慢してひたすら父の説教に耐える。そんな関係が、夫婦の自然な姿だったのです。むしろそんな関係をお互いが望んでいたともいえるのです。

父の常識は社会の常識

昔の父の写真を見ていると、あることに気が付きました。どの写真を見ても共通していることがありました。それは、父の顔が全く笑っていないのです。笑顔の写真は皆無です。どの写真も、しかめっ面をしてカメラを睨《にら》みつけています。

周囲が楽しそうに笑っていて、本来はしかめっ面する場面ではないはずなのに、本人は機嫌が悪そうな顔をしています。見るたびに不思議に思っていました。自分なりにかっこつけているのかな？　なんて思ったりもしました。

きっと父は「男がヘラヘラ笑うなんてカッコ悪い！」、そう思っていたのではないかと思うと、しっくりきます。男とはかくあるべし、のような固定観念が、父の笑わない写真に反映されていたのでしょう。真実は定かではありませんが……。

そんな父の固定観念は、家族に押し付けられる形で私たちを苦しめたのですが、特に私が覚えていることは、

・男の価値は一流の大学に入り、一流の企業に勤めること
・お金を稼ぎ家族を養うことは大変
・仕事は大変で辛いもの
・日本の社会は年功序列、転職なんて人生を台無しにする
・バラエティー番組は頭を馬鹿にする

などです。

他にもあったと思いますが、典型的な団塊世代の男性の考え方ですね。特に父は、この考えを絶対のものと信じており、少しでも自分の考えと違うと徹底的に攻撃します。

そして、相手が同調するまで攻撃の手を決してゆるめません。父のなかでは自分の考えが間違っているという概念がありません。父の常識は、社会（世間一般）の常識とイコールになってしまうので、口癖は、「そんなの常識だ！　当たり前だろ！」でした。父が自分の過ちを認めた姿を見たことは、一度もありません。

誰がみても理不尽でおかしなことでも、父のフィルターを通すと「常識」という姿に変わってしまい、何を言っても意味をなさないのです。自分の思ったとおりの理想の人生を子どもにも送ってもらうために、父は自分の考えを繰り返し繰り返し、話していました。いい学校に入ることがその後の人生を決めるという考えのもと、学業ができないと全人格を否定されました。そして、仕事は大変で、男がお金を稼ぐことはものすごく大変なんだと、ことあるごとに話していました。

そんな環境で育ったためか、私は、いつしか「働くことは辛くてつまらないこと」という考えを持つようにもなりました。実際に働くようになってからは、楽しい思いも経験し、その考えを覆《くつがえ》すことができましたが、就職前は憂鬱《ゆううつ》で仕方がなかったのを覚えています。「就職先が決まっても、これから地獄のような日々が待っているんだな……」と、ひどく落ち込んでいました。「いつまでも責任のない学生時代でいたい！」と甘えていました。

また、父はＴＶはＮＨＫ以外は基本的に見ませんでした。唯一、「笑点」と「水戸黄門」、ゴルフ番組は見ていましたが、バラエティーやお笑い番組は一切認めませんでした。下品で馬鹿が伝染《うつ》ると、父は見下していました。

小学生当時、「おぼっちゃまくん」というアニメが流行《はや》ったのですが、内容が下品なので（確かに今思うと、子どもが真似したら親としては複雑な心境です……）、見るのは禁

父の固定観念

止でした。父の前でファミコンなどのゲームをした記憶もありません。正月はお笑い番組ばかりやっているので、どの番組を見るか、子どもながらかなり神経をつかっていました。

常識・世間体は劣等感の裏返し

父が会社を退職してしばらくたってから、ふと言った言葉をいまも思い出します。

もともと、仕事に対して大変で辛いものという考えがあったことは先にも書きましたが、きっと孤独だったのだと思います。というのも、その言葉を聞いて、父のなかには仕事は競争社会で勝つか負けるかという思いがずっとあったんだと、感じたからです。

それは、「仕事場では自分以外の社員は全員敵だと思っていた。いつ蹴落《けお》とされるか分からないからな」という言葉です。

常に警戒心を抱き、周りの人間を信用せず、競争社会のなかで身を粉《こ》にして働き続ける。想像しただけで肩が凝《こ》ります。そんな考えが根底にあったら、「仕事は辛く大変なもの」という観念ができ上がるのも自然でしょう。常日頃から、口癖のように「常識」と言い続けていたのも、自分が社会のなかではじかれてしまうのを、心のどこかで恐れていたのではないかと思います。

頑《かたく》なに信じて疑わない観念や過剰に反応する出来事には、その人の本音が見え隠れするものです。表面上は本人が認めたくないことほど、その思いと逆の態度や言動を取ります。弱い犬ほどよく吠えると言いますが、たとえば、地方出身の人間を見下したり馬鹿にしたりする態度は、裏を返せば、自分が他人からそう思われるのを気にしている証拠です。

自分は田舎者ではないと必死に隠そうとします。自分の中にある「田舎者は馬鹿にされる」という観念を現実にみると、思わず攻撃してしまうのです。なぜなら、昔の自分や過去に言われたネガティブな出来事（実際に田舎者扱いされたり、田舎者はダサいという刷り込み）が、反射的に反応してしまうからです。癒《い》えてない傷が疼《うず》くのです。「自分は田舎者ではない！」と強く思っているほど、反応は大きいものになります。仮に田舎者に対して何も思っていない場合は、相手が地方出身者でもなんとも思わないはずです。

このように、強い感情をともなって反応する出来事には、自分自身が認めたくない（みたくない）観念が潜《ひそ》んでいるのです。人を否定ばかりしている人は、本当は自分のことを否定しているともいえます。

父の場合に話を戻すと、父は、自分が非常識な存在（社会から必要とされない）ということに、心の底では恐怖心を抱えていたのでしょう。その劣等感を隠すために、常識のない人間を否定し、優位にいる安心感を手に入れることで、自分の心を満たしていたといえます。自分の意見は絶対、口答えや否定、反論は一切許さないという父の心の中には、他者から反論されることで、自分の力が脅かされ、自分に力がないことが露呈《ろてい》することを恐れる気持ちがあったのでしょう。

きっと父も幼い頃から劣等感を抱え、必死に勉強を頑張ることで両親に認めてもらいたかったのでしょう。勉強を頑張れば褒《ほ》められる、そう信じて疑わない心が大人になっても、学歴に過剰に固執《こしつ》することとなり、自分を犠牲にしてまで必死に頑張ってきた、そんな自分の生き方を肯定したい気持ちにつながっていったのだと思います。

学歴を否定されることは、そのまま、必死に頑張ってきた自分の人生を否定することになるからです。自らの力で勝ち取ってきた証《あかし》（ここでは、学歴や就職先企業）は絶対であり、俺は勝ち組なんだ、という思いだけが父のプライドを支えていたのだと思います。実は、そんな生き方の裏には、自信のない自分をばれないように隠し、必死に生きている父の姿があったとは、子どもの私には想像すらできませんでした。

後年は「仕事は辛く大変だ、早く引退したい」とこぼしている姿を見ていたので、いい会社に入ることがイコール幸せな人生とは限らないのだと、教訓になりました。

親の期待に応え、親の望む生き方をする

父の、「自分の生き方が正しいことを証明する」という考えから、私も小学校から塾に通い中学受験をすることとなります。

学校が終わり、電車に乗って、塾に通う。夕飯は授業の合間に近所で前もって買ったごはんを食べ、休憩後はまた勉強。クラスは成績ごとに分かれており、その基準はテストの結果が全てでした。なんで塾に行くのだろうと思いながらも、行かなければいけないんだ、行って当たり前、と思いながら勉強していましたが、そんな気持ちでは当然、熱意のある生徒には負けてしまいます。形だけ塾には通っていましたが、気持ちが全くついていかず、よくお腹を壊したり、授業中は先生にさされないようにとばかり考えていました。

結局、入試に合格して中学から私立に通うことになるのですが、私が受験する目的は、「親を喜ばせて自分が安心する」、これだけでした。自分のためではなく、親を安心させるため、親の期待に応え、親の望む生き方をすること、これが当時の私の目的でした。親にとっては、学歴は、世間一般に個人の努力を認めることができる、分かりやすいものさし（基準）だったのでしょう。

入学してしばらくは、優等生の振りをして、親の前では「いい子」を演じていましたが、そう長くは続きませんでした。自然と学歴重視の考えに疑問を抱くようになり、反骨心がムクムクと湧いてきました。その思いが、学校の先生や校則等の規則に向き、次第に大人を毛嫌いするようになっていきました。ちょうどその頃、父親が地方に単身赴任《たんしんふにん》していることをいいことに、酒やタバコなど隠れて悪さをすることを覚えました。悪さをすることは親の期待を裏切ることになります。最初は罪悪感を抱きましたが、何より「自由」や「力」を得た気分を感じることと、親に復讐しているような気分に大きな魅力を感じました。

高校を卒業し、大学もエスカレーター式に進みました。それまで自分の意思で何かを自主的に選択して行動に移したことはなく、仮に動いても、それは誰かが言ったから、みんながやってるからやったほうが不利にならない、などの周囲の意見を気にしてのことでした。だから嫌なことがあったり、自分に向いてないと思うとすぐにあきらめてしまいがちで、学生時代に、何か一つのことに取り組んだ経験は皆無でした。そんな中途半端な自分を見て見ぬ振りをするため、遊んでばかりいました。部活に関しては、最初は父を意識して、父を喜ばせるために「ゴルフ部」に入りましたが、もともと興味がないのですぐに辞めました。

そんな私が、人生で初めて自分の意思で選択したのが、就職と転職です。就職の時も父は単身赴任をしていたのですが、その頃にはもう私にあまり期待していなかったようです。私が一流企業に入ることもあきらめていたのか、しつこく言わなくなっていました。

ただ私が社会で働く立場になって、父の思いに共感できる人間が、家族の中にできたことに嬉しさはあったようです。「仕事は大変だろ？　コミュニケーションは結論から先に言うのが大切なんだよな！」と、どうせ働いたことのない女には言ってることが分からないだろう、という気持ちを言葉の端々《はしばし》ににじませつつ、母に聞こえる大きな声で嬉しそうに話していた姿を、今でも覚えています。

父とは違う生き方を歩む決意

大学を卒業して、新卒で就職した会社に四年半ほど勤め、その後、転職をすることになるのですが、ここで大きな壁にぶつかることになります。

どんな理由であれ、転職することを父は認めませんでした。そもそも、父にとっては転職することは出世競争から外れることを意味しており、「転職先で生え抜きの人間や年下の人間に負けることになるんだ！　今のおまえには分からないだろうが、負け犬になって後悔することになるんだ！」と、断固として反対しました。

二〇〇七年頃の話なので、当時は転職することは世間的に珍しいことではなく、むしろ私にとっては当たり前だったのですが、父はそうは思わなかったようです。転職したいという気持ちは当時の私にとって、親のためではなく、自分の本当の気持ちでした。

ただ、今振り返ると、あえて父とは違う生き方をすることで、自分の強さを証明しようとしていたのかもしれません。自分は父のように、辛く大変だと言いながら一つの会社に勤め続けるのではなく、自らの力で望む人生を選択する力や強さがあるのだ、と父に思い知らせたい気持ちが全くなかったかといえば、嘘になります。

「あなたのような人生は生きない」

幼い頃から思い続けてきた気持ちを、実行に移すチャンスを今か今かと狙っていたのかもしれません。でも、結果は玉砕《ぎょくさい》でした……。

父は、全く聞く耳を持たず、むしろ父の持論を延々《えんえん》と聞かされることになります。

「俺の言うとおりにすればいいんだ！」「おまえの将来のためを思って言っているんだ！」

この言葉は、何よりも重く胸に響きました。

「結局、息子のことを真剣に考えるのではなく、自分のことしか考えてないんだな」と、父に話したことへの後悔の念が湧いてきて、全身が押しつぶされるようでした。と同時に、何かがスーっと、私の中から消えていくような感覚を覚えました。

父の自分の価値観を周囲に押し付けることで、その場を支配しコントロールするその姿は、幼い頃から全く変わっていませんでした。

「結局、父は変わらないんだな……。もうこれ以上、何を言っても無駄だ」

自分の意見は絶対で、全て正しくて、俺の言うことにさえ従っていれば間違いないんだと、子どもの意見をこれっぽっちも受け入れようとしない父の変わらぬ姿に接し、父への感情がスーっと急速に冷めていきました。「無感情」という表現が一番しっくりきます。

無感情のはずなのに、私の目からは、涙がボロボロととめどなく流れ続けました。父の前では涙を見せたくはないのに、とめどなくこぼれ落ちる涙を拭《ぬぐ》うこともせず、しばらくたってから、「自分は泣いてるんだ」と気付きました。

「人生で初めて、父に自分の本当の気持ちを真正面から伝えようと勇気を振り絞《しぼ》ったのに、結果こんなことになるなら話さなければよかった……」と思うことしかできませんでした。どこかで淡い期待をしていた自分が情けなくて情けなくて……。「もう父とは一生心が通じ合えないんだな」という思いが脳裏《のうり》をよぎり、気持ちの糸がプッツリと切れてしまいました。

結局、私は転職をやめました。

社会人になっても、結局は親の言いなりな自分。嫌なら家を飛び出して自分の望む人生を生きればいいのに、そんな勇気もない自分。とっても弱くてちっぽけな、そんな自分の存在を責め続けました。

父を恨み、父のせいにすることで、私はそんな自分の弱さから逃げ続けていたのです。当時はそうでもしないと、心のバランスが取れなかったのかもしれません。

今、書いていて思います。

私は父に依存して生きていたのです。

同時に、自分の本心を隠して「いい子」を演じ続けてきた自分への後ろめたさも抱えていたのだと思います。

転職の話をした日の翌日の朝、父から唐突《とうとつ》にこう言われたことを、今でも強烈な感情とともに覚えています。

「もし転職したら、もう、おまえは井上の姓を名乗らなくてもいいからな」

静かに、はっきりと、父はそう言いました。

その言葉を聞いた瞬間、胸にポッカリと穴が開き、心と身体がバラバラになってしまうかのような感覚を味わい、大きな悲しみが私を襲いました。

その後、結果的に私が転職をしなかったことについて、父は嬉しそうに「俺があのとき言ったことは正しかっただろ?」と、何度もしつこく同意を求めてきました。私は短く「うん、そうだね」としか言いませんでした。

「父に少しでも期待した自分が愚かだったんだ、もう父に期待してはいけないんだ」心の中で何度も自分に言い聞かせました。

転職は父への復讐

それから二年後、私は父に一言も相談せずに、転職をしました。転職してからもずっと、そのことを父には黙っていました。嘘をつくことに後ろめたさや罪悪感もありましたが、ここで本当のことを話したら、またあの時と同じ思いを味わうことになる。

「もう二度と、ごめんだ」あの時感じた怒りの気持ちが、再び脳裏をかすめました。

最終的には二年間、転職したことを父には隠してきました。その間、仕事の話になった時は、まだ転職前の職場で働いている振りをして、話を合わせていました。私にとって、転職は父への復讐だったのです。

その後も人生のターニングポイント（結婚、子どもの誕生）で、様々な事件が起こることになります。

結婚することになって初めての両家での会食の際に、父が義父に喧嘩《けんか》をふっかけて会を台無しにしたり、子どもを連れて実家に帰った時には、ちょっとしたことで父の地雷《じらい》を踏んだようで、妻と子どもの前でもおかまいなしに怒り狂い、挙句《あげく》の果《は》てには、私と妻、子どもの目の前で母に手を上げました。思い出したくもない光景です。子どもは泣くし、さすがに私も感情的になりました。

この日を境《さかい》に、子どもを含めて二年ほど実家とも疎遠《そえん》になりました。

このように、なぜか私の人生が幸せに向かって進んでいる時に限って、父の邪魔が入るのです。全部、父がぶち壊してしまうのです。

「なんで、あの人は俺の幸せを邪魔するんだ！」

私の怒りの感情は、ずっとおさまりませんでした。

家族は、父の人生を正しいと思わせる「鏡」だった

私の力はとっくに父を超えているのに、それでも心はいつまでも幼い頃のままで、父親

という存在におびえ、逆らうことができずにいました。

「父に認めて欲しい、褒めて欲しい、愛して欲しい、受け入れて欲しい、私の人生を信じて欲しい」

幼い頃の思いを、大人になってもずっと引きずり、思い続けていたんですね。自分の人生を生き辛くしていたのは、他でもない私自身でした。

いつまでも過去に縛《しば》られ、今に向き合おうとしない。私は自分の本心を、いつからか、どこかに置き去りにしてきてしまったのです。他人の評価におびえ、期待に応えようと無理して背伸びをしてきた、そんな生き方が大人になっても望まない生き方や人間関係を「現実」に作り出していたのです。

当時は、現実に起こる出来事に対して不満ばかり抱き、なんで自分だけこんな環境で生きてこなくちゃならないんだ！　と、自分に矢印を向けずに、周囲のせいにばかりしてきました。これでは嫌な出来事が起こって（いるように見えて）当然です。

自分が嫌なことばかりにフォーカスしていれば、嫌なことばかりが目の前に現れます。そして、そういった出来事を繰り返し体験することで、「やっぱり自分の人生はこんなものなんだ……」という思いを強化しているだけでした。自ら自分を痛めつけていたのです。これでは前向きに生きられるわけがありません。

ただ、当時は自分の可能性になど一切フォーカスしていなかったし、常に無力さばかり痛感していたので、どうしたらいいのか分かりませんでした。

父親を超えるなんて想像もつかず、足元にも及ばないと思っていました。父とのレベルの違いをまざまざと見せつけられ、「父と同じ生き方は自分にはできない！　そんなに優秀な人間ではない」と、劣等感やコンプレックスを抱えていました。

だから、社会人になって優秀な人間や権力のある人間に出会うと、無意識に卑屈《ひくつ》な思いを抱いてしまうのでしょう。「住む世界が自分とは違うんだな」と、最初からシャットアウトしてしまうのです。

父は、子どもの個性や人格などの内面の部分には、一切関心がなかったように思います。どんなことに興味があるか、何をしている時が楽しいか、そういった類《たぐい》の話は全く子どもに話すことはありませんでした。学歴やどんな企業に入って、どのくらいの役職なのか、年収はいくらなのか、こういった世間的に分かりやすいものさしにしか興味がない。少なくとも私にはそうみえました。外面的なことばかりに興味があり、他人の気持ちを理解したり、共感したりといった、人の内面の部分には全く無頓着《むとんちゃく》でした。

一言で言うと、「共感力」に乏《とぼ》しかったのだと思います。自己愛も強かったので、自分以外の人間に対して手を差し伸べたり、歩み寄ったりするようなことは、ほとんどなかったのではないかと思います。私によく言った言葉の一つでもある、「おまえの将来のためを思って言ってるんだ！」、この言葉を使うことで、子どもに罪悪感を抱かせ、自分という人間の存在価値を感じたかったのでしょう。

きっと、自分は立派な人間だと思いたかったのだと思います。自分の生きてきた人生の正しさを、子どもの人生を通して証明しようとしていたのかもしれない、と、今では思います。父は今まで生きてきた自らの人生を否定したくないので、今さら自分の生き方を曲げることはできなかったのでしょう。

結局、私たち家族は、そんな父の人生を正しいと思わせる「鏡」として存在していたのです。家族が父に意見することなく依存していたからこそ、結果的に、私たち家族が、父の人生を肯定してしまうような環境を作り上げてしまっていたのです。

◆コラム◆あなたの子ども時代のニーズを知るワーク

このワークに取り組むことで、あなたの両親に本当はして欲しかったこと、どんな親でいて欲しかったのかが分かり、今のあなたの生き方や人間関係にどんな影響を及ぼしているのかが分かります。

両親が不在、または他界してしまっている場合は、身近な存在であなたが向き合いたい相手を選んでください。

① あなたの子ども時代を振り返ってみて、どんなニーズがありましたか?

幼い頃のあなたは父親（または母親）にどんなふうに接して欲しかったのでしょうか。優しくして欲しかった、許して欲しかった、会話をもっとしたかった、認めて欲しかった。

夫婦喧嘩をやめて欲しかった、兄弟姉妹や友達と比べるのをやめて欲しかった、勉強ができることが一番なんて親のエゴや価値を押し付けて欲しくなかったなど、子どもの頃のあなたにタイムスリップして、父親（または母親）への思いを書き出しましょう。

② **そのニーズは満たされていましたか？**

ニーズが満たされたかを10段階で評価してみましょう。

直感で大丈夫です。頭で考えずに、その時思ったあなたの気持ちを素直に評価してみてください。

（1　2　3　4　5　6　7　8　9　10）

③ **これらは大人になったあなたに今、どんな影響を及ぼしていますか？**

②のニーズは今のあなたの人間関係にどのように表れているでしょうか？

満たされない感情を誰かに満たしてもらおうとしていませんか？　認めてもらおうとしていませんか？

または同じような思いをさせないために、反面教師として態度や行動に出ていませんか？

④ そこから得た信念はどんなものがありますか？　またその信念は、今のあなたの助けになっていますか？　それとも害になっていますか？

親へのニーズが今のあなたの信念となって、どんなルールを作っていますか？

結果を出せば認められると思っているのでしょうか？　他人の評価が自分の中での基準になっているのでしょうか？

そしてその信念は、今のあなたの人生に役立っていますか？　それとも苦しめているのでしょうか？

あなたの生き方を生きづらくしているのであれば、どんな場面で害になっているでしょうか？　思い出してみましょう。

⑤　今のあなたの本当のニーズをはっきりさせ、そのニーズを満たすためにできることはなんでしょうか？

本当のあなたの望む自分は、どんな発言や行動を取っていますか？
どんな信念だったら、ありのままに楽に生きられるでしょうか？
想像してみましょう。あなたはどんな人間関係を心の底では望んでいますか？
その関係を実際に日常生活で実現するために、何ができるでしょうか？
一番簡単かつハードルの低いことから考えてみましょう。
あなたはなんでもできます。あなたの生き方はあなたが決めていいのです。
悔いのない生き方とはどんな生き方でしょうか？

⑥　⑤の気付きを日常生活で活かすために、あなたはどんな行動を起こしますか？

明日から取り組める行動はありますか？
これならできそう！　と思う一番簡単でハードルの低いことから始めてみましょう。

ポイントは、具体的にあなたが実際に行動している場面をリアルにイメージしてみることです。

無理せず、あなた本来の生き方を思い描きましょう。

⑦ その行動を起こすと、どんな結果につながっていきますか？

ポイントは、行動を起こしたあとの結果をイメージし、その結果が出たらどうなる？と、自分に問いかけることです。

うまくいっているイメージができたら、早速、行動してみましょうね！

第四章　いびつな夫婦関係

支配する側と支配される側の関係性

前章の終わりにも書きましたが、父をますます支配的にしてしまったことについては、私たち家族の対応も、少なからず影響していると思います。父の言うことを黙って受け入れ、父の言動や行動を野放しにし、結果的に肯定することになってしまったのですから。特に、父の一番身近な存在の母親は、父にとっては感情の吐《は》け口《ぐち》の対象となっていました。

このように父と母の従属関係が成り立つことで、支配する側（父）とされる側（母）が、明確に役割分担となって機能していたのです。

役割分担の影響力の大きさを物語る有名な映画があります。海外の映画で「es」という作品なのですが、実際に一九七一年にスタンフォード大学心理学部で行われた実験をモチーフにして制作されました。

実験は、二週間の予定だったのですが、七日間で打ち切られ、以後、実験禁止となったそうです。内容は、報酬を出す名目《めいもく》で集められた二〇人の被験者たちが実験用の刑務所内で、看守《かんしゅ》と囚人《しゅうじん》に分けられるというものです。

しかし、この実験は、結果的に悲劇を招くことになります。看守役の人間も囚人役の人間も、最初はもともとの自分のキャラクターのほうが色濃かったのに、次第に看守役は、傲慢《ごうまん》で支配的な看守らしいキャラクターに変貌《へんぼう》していきました。

一方、囚人役もおとなしく看守の言うことに従うようになっていきました。このことから、人は「役割を与えられることで人格さえも変わる」という人間心理が垣間《かいま》みえます。

確かに、自分の過去を振り返ってみると、飲食業界にいる時に店長という役割を与えられた時、アルバイトに対して店長という役割を意識して、自然とみんなを引っ張っていくようになっていました。本来の私は、率先して主導するというより、どちらかと言うと控《ひか》えめなタイプです。また、役者が演技の役作りなどで、与えられた役にのめり込むと、私生活でも、ついそのキャラクターそのままの行動や振る舞いをしてしまう、ということを聞いたことがあります。

人は、その役割どおりの振る舞いをしてしまうのですね。支配する人も支配される人も、その役割に見合う言動や振る舞いをすることで、自分はこういうキャラだから……と思い込んでいるのかもしれません。

長年、このような関係性を築きあげてきたから、きっと違和感を感じなくなってしまうのでしょう。そうすると、支配する側もされる側も、無意識にその関係性を維持しようとします。維持することで関係も強化されます。

家族という第三者が入りにくい狭い世界の中では、この役割や関係性こそが、その人の人格を作り上げてしまうと言っても、過言ではありません。支配される側は、常に自分の存在をコントロールされてきたので、そのことが当たり前となり、たとえ理不尽《りふじん》なことを言われても、「私が悪いから相手はそうするのだ」と、自らを納得させるようになります。

自分の役割と違うことは、極力《きょくりょく》、しないようになっていきます。仮に抵抗したところで、力でもってねじ伏せられるという体験を何度も繰り返すと、抵抗しなくなります。抵抗しても無駄だと思うようになり、次第に順応していくのです。

こんな話を聞いたことありませんか？　サーカスなどで活躍するゾウは、なぜ暴走しないのかご存じでしょうか？

ゾウを操るゾウ使いは、調教する際に、ゾウを一定期間、鎖《くさり》につなぎます。鎖につながれたゾウは、行動範囲が限られます。しばらくそのままにされたゾウは、鎖を外しても、そこから離れないそうです。本当は自由なのに、そのことに気付かず（不自由な環境にずっといたので、そのことが当たり前だと認識している）、それ以上先には行けないと、思い込んでいるのです。

「私が悪いからこうなるのだ」というのも、一つの思い込みですよね。ずっと狭い世界の中で作り上げてきたお互いの役割がそうさせてしまうのです。

モラルハラスメント――正常な判断力を失う恐怖

そんな夫婦関係が強制的に持続していくことは、ドメスティック・バイオレンス（DV）やモラルハラスメント（モラハラ）、虐待の温床《おんしょう》となります。ここではモラルハラスメントを例に挙げてみます。

All About というサイトの大美賀直子《おおみかなおこ》さんの記事（二〇一四年九月二五日付）をご紹介します。

モラハラとは、「身近な誰かの行動の中に非難できるポイントを見つけ、そこを陰湿に指摘するなどして、相手の価値を貶めるのが、加害者の常套手段です。加害者は、相手を見下すことで、優越感に浸ることができます。」

三章でもお話ししましたが、私の父は異常にプライドが高く、勝ち負け意識が強く、共感力に乏《とぼ》しい面がありました。これらの特徴は、モラハラ加害者の特徴にぴったり当てはまることだと、後に知ることになります。また、モラハラ加害者の特徴として、一般的に、次のような特徴がみられます。同じく、大美賀直子さんの記事から抜粋します。

「・いつも自分が優位に立ち、賞賛《しょうさん》が得られないと気がすまない
・他人の気持ちに共感することや、心を通わせ合おうという気持ちがない
・他人を褒めることをしない。欠点をあげつらい、いつも悪口を言っている
・自分の考え方や意見に異を唱えられることを嫌がり、無条件に従うことを要求する
・自分の利益のためなら、他人を平気で利用しようとする
・自分は特別な人間だと思っている」

これらの特徴に本人が自覚的かというと、そうではないケースも多いそうです。

「加害者のなかには自分の言動のハラスメント性に無自覚な人が少なくありません。それは、都合のよい答えを導き出すために、自分自身の心を操作しているためです。そうすることで、『人を貶めなければ自尊心を保てない』という現実への直面化を避け、自己を防衛しているのです。」

郵便はがき

切手をお貼りください。

102-0071

東京都千代田区富士見一―二―十一
KAWADAフラッツ一階

さくら舎 行

住所	〒　都道府県		
フリガナ		年齢	歳
氏名			
		性別	男　女
TEL	(　　　)		
E-Mail			

さくら舎ウェブサイト　www.sakurasha.com

愛読者カード

ご購読ありがとうございました。今後の参考とさせていただきますので、ご協力をお願いいたします。また、新刊案内等をお送りさせていただくことがあります。

【1】本のタイトルをお書きください。

【2】この本を何でお知りになりましたか。
1.書店で実物を見て　2.新聞広告（　　　　　　新聞）
3.書評で（　　　　）　4.図書館・図書室で　5.人にすすめられて
6.インターネット　7.その他（　　　　　　）

【3】お買い求めになった理由をお聞かせください。
1.タイトルにひかれて　2.テーマやジャンルに興味があるので
3.著者が好きだから　4.カバーデザインがよかったから
5.その他（　　　　　　）

【4】お買い求めの店名を教えてください。

【5】本書についてのご意見、ご感想をお聞かせください。

●ご記入のご感想を、広告等、本のPRに使わせていただいてもよろしいですか。
□に✓をご記入ください。　□ 実名で可　□ 匿名で可　□ 不可

モラハラは精神的に未熟ともいえますね。自分のことばかり考え、本当は自分に自信がないので、相手を貶めることで自分優位を保とうとする。被害者はたまったものではありません。

と言いたいところですが、一方が全て悪いということは、世の中の真理《しんり》から照らし合わせてみて残念ながら当てはまりません。先ほど、役割の話もしましたが、無意識にお互いがそのような関係性を構築しているのです。客観的に自分たちの関係性をみることが難しく、その関係から抜け出すことはかなり難しいといえます。

第三者のなかでもプロのカウンセラーや同じような立場から抜け出し、実際に悩みを解決された方の行動は参考になると思います。私が読んだモラハラの自伝本では、まっちーさんの『夫からのモラル・ハラスメント――愛する人からの精神的イジメ　苦しいのはあなた一人じゃない』(河出書房新社、二〇一四年)がおすすめです。

特にモラハラ加害者には、次のような特徴もあるので注意が必要です。

大美賀直子さんの記事から抜粋します。

「モラハラを受ける側は、加害者の巧みな操作によって人間性を否定され、『自分はダメな人』と思い込んでしまいます。さらに、加害者は『一緒にいる私は、いつも迷惑を被っている』『被害を受けているのは私の方だ』と、自分の方が被害者であるように、思わせます。モラハラ被害者は、そうした操作を素直に受け入れ、自己否定に陥りやすいのです。被害者が自己を責めているだけでは、加害者の支配から抜け出すことができません。しかも、加害者は『ダメなあなたを受け入れられるのは、私しかいない』と、自分自身を『唯一の理解者』であるかのように思わせたり、離れようとすると罪悪感を植えつけ、優しい態度やへりくだった態度に豹変し、懐柔されることもあります。自立性や自己肯定感が低い人ほど、こうした態度に惑わされやすく、支配から脱出できなくなってしまいます。」

共依存な夫婦関係

このように、お互いに必要とし、必要とされるような関係性を無意識に続けてしまうケースを、互いに依存し合っていることから「共依存関係」という言い方をします。こういった関係の背景には、目の前の問題から目をそむけることで、自分自身に向き合わなくてもすむ、ということがあります。このことは加害者だけの問題のようにみえて、被害者にも当てはまるのです。

私は必要とされているのだというメリットを得ていることにもなります。被害者は、理屈では「嫌だ」と思っているのに、本心では「満足感」も同時に感じているのです。客観的にそう聞くと「えっ？　まさか！」と思いますよね。私も父と母の関係をみていて不思議に思っていましたが、共依存関係に陥っている当人同士は、全く気付かないのです。

『ファミリーシークレット――傷ついた魂のための家族学』で共依存のことを、次のように説明しています。

「中毒に中毒することは共依存症と呼ばれる。家族やパートナーの問題に自分の感情を犠牲にしてまで介入する態度は、自分自身の問題から目をそむけるためのものだ。幼ない頃に感情を殺して生きなければならなかった者は、問題あるパートナーを無意識のうちに選び、『わたしがよくしてあげよう』と闘志を奮い立たせ、ひどい目に遭うことで安心感を得るようになる。それが子ども時代からのもっとも馴染み深い状態だからである。」

無意識だからこそ自分が共依存関係であると気付かず、ズルズルと関係が続いていきます。パートナー同士だけでなく、親子にも当てはまります。私（親）がいないと、この子は何もできないと思い、先回りして親が手を出してしまったり、その逆もあります。子どもが親元から離れられないケースです。

私（子ども）がいないと親はまともな暮らしができないと、いつまでたっても同居を続け、結婚しないまま親と一緒に住み続けてしまうのです。親子が一緒に暮らすことは悪いことではないのですが、自分の生活を犠牲にしてまで一緒に住むのは、精神的な負担も大きく、結局は相手のせいにしてしまう、なんてことにもなりかねません。親も含め、他人は自分の人生の責任を取ってくれるわけではありません。ああしろ、こうしろと、あたかも「相手のためを思って」言っていることでも、言っている当人は、相手の人生の責任を取れるわけではないのです。

結局は、「相手のため」という名の自己満足なのです。このフレーズを言うことで、自分の存在価値を感じているだけなのです。言われたほうも、うるさいと表面上は思っていても、どこかで自分のことを気にかけてくれているというメリットを感じています。お互いに必要とし合っているともいえます。

でも、それはマヤカシに過ぎません。共依存関係になることで自分のネガティブな部分を見なくてすむので、現実逃避できるのです。こういったケースは底を打たないと、なかなか事の重大さに気付くことができません。

底を打つとは、行くところまで行ってしまい、「もうどうしようもない、このままではダメだ！」というところまで落ち込むことを言います。依存し続けることで、取り返しのつかないような痛い思いをしたり、大切な人に迷惑をかけてしまったり、命の危険を感じるような出来事を経験することです。

そういう経験を味わうと、人は、自ら変わるために行動を起こすようになります。でも、できれば底打ち体験はしたくないですよね。そのためには、自分の心の声を常に聞いてあげることです。「本当はどうしたいの?」と、優しく自分に聞いてみてあげてください。

母への罪悪感

私はこれまでお話ししてきたように、幼い頃から、母が父に怒られている姿を見てきましたが、今、私が子を持つ親になって感じたことがあります。それは、子どもが母親から注意されたり、叱られている姿を見ると、まるで自分が怒られているかのように感じてしまい、胸が苦しくなるのです。明らかに子どもが悪いことをしたから怒られていると、理屈では理解しているのに、なぜか罪悪感のような気持ちが湧《わ》き出てきて、子どもに感情移入してしまうことがありました。「この感覚はなんだろう……?」と不思議に思っていたのですが、ある時、ふと思い出したのです。

それは、私が幼い頃に父から怒られている母を助けてあげられず、そんな自分を責め続けてきた感覚に似ていたのです。「ごめんなさい……」苦《にが》く、心が押しつぶされそうな感覚。父を直接責めることのできない弱い自分を、ずっと情けなく思っていました。「なんて自分は無力なんだ！」と憤《いきどお》りを感じていました。その怒りは自分に向き、そして父や母にも向くようになりました。

父の機嫌が悪くなると、父から家を追い出されドアの鍵を掛けられて、鍵が開くまでずっと暗い公園で過ごす母……。当時は携帯電話など無かったので、連絡を取り合うことはできませんでした。

「母はなんであんな辛い思いをしてまで父と一緒にいるんだ！　なぜ離婚しないんだろう。子どものためなんて嘘だ、本当は離婚して孤独になるのが怖いだけなんだ」と思っていました。自分を犠牲にしてまで一緒にいることの意味が、幼い私には理解できなかったのです。父に対しては、母へのモラルハラスメントもそうですが、私に対して価値観を押し付けることにも憤りを感じていました。母への怒りは、そんな弱い自分自身への怒りを投影した結果だったのでしょう。

そして、最も強い罪悪感……。それは、「私は自分のことしか考えていなかった」ということです。父の暴言や暴力から母を助けることは、今度は私に、父の怒りの矛先《ほこさき》が向くことを意味していました。

母を助けられない無力な自分

記憶が曖昧《あいまい》なのですが、小学校一年生くらいの頃に父と母が喧嘩《けんか》していたとき、二人の間に入って喧嘩をやめてほしいとお願いしたことがありました。おそらくテレビドラマか何かで見た光景が、私の記憶に残っていたのでしょう。

「子どもの私が入ることで二人が反省するのではないか？」という淡い期待もありました。「自分が二人の喧嘩を止められるんだ！」という正義感のような思いを感じていたのかもしれません。

でも当然のように、結果は惨憺《さんたん》たるものでした。期待とは裏腹に、「おまえは黙ってろ！関係ないだろ！」と一蹴《いっしゅう》されました。

その頃の思いが行動する勇気を奪っているのか。それとも、単純に殴られたり暴言を浴びせられたりすることを恐れているのか。とにかく、自分から父には、怖くて何も言えませんでした。

こんな時、私は「男なのになんてカッコ悪いんだ！」と、情けなく恥ずかしい気持ちを隠したくて仕方がありませんでした。母が家を追い出され鍵をかけられても、探しに行きませんでした。探しに行くことは、父に反抗することを意味していたからです。内心、母をとても心配していたし、父はなんてことをするんだ！　という怒りもありましたが、行動に移すことはできませんでした。父の怒りが静まるまでは、自分には何もできない。

母が苦しんでいるのに、父の前では何事もなかったかのように気にしていない振りをする自分。部下が上司の機嫌を伺うかのように、父に話しかけてみたりもしました。「僕は普通だよ、両親の喧嘩くらいじゃなんとも思わない」そんなふうに大人な振りをして、その場をやりすごしてきました。もしかしたら母を追い出したことを父は後悔しているかもしれない、もしそうなら、父を責めるようなことを言ったり、変に同調したりして、気分を逆なでしてはいけない、普通でいなくちゃ。

そんなことを計算して考える自分のことを、心の中で「卑怯者《ひきょうもの》！」と、なじり続けていました。父の異常なまでの母への怒り方、しつこいくらいの執着心をみてきて、幼心《おさなごころ》に「これは普通じゃないな……」とは感じてはいたのですが、ほかの家庭と比較したわけではないので、普通の基準はわかりませんでした。

基準がないと、「このくらいたいしたことない、家は生活面やお金では何不自由してないし、不満に思うほうがおかしい」と、自ら勝手に判断してしまうようになります。たとえば、クライアントさんで悩みを抱えている方が、「私の悩みなんてたいしたことないんですが……」とか「こんなことで悩んでいるようではダメですよね、もっと辛い思いしている人はたくさんいるのに……」と、ご自身の悩みを勝手に判断するケースがあります。

そもそも、悩みに大小はないですし、他人と比較するものではありません。家のことも一緒です。「すごく辛い経験をしてきたけど、もっと苦労してきた人はたくさんいる」とか「私は大学にも行かせてもらい、欲しいものは何不自由なく与えられてきた」と、問題をすり替えてしまうのです。

辛かった経験がなかったかのように振る舞うのです。これでは悩みをなかったことにし、見て見ぬフリをするのとなんら変わりません。他人と比較することは無意味です。あなたにはあなたにしかない悩みが、あるのですから。

少し話が逸《そ》れましたが、父の母に対する怒りの原因はなんなのか？　なぜあんなに感情を剝《む》き出《だ》しにして、とことん追い詰めるのか？　母が何度も謝ってもなぜ許さないのか？と、疑問に思っていました。

会社で家と同じように感情を爆発させたら、仕事にならないでしょう。人付き合いであんな態度を取ったら、友達もできないでしょう。「父は家族の中だけであんな姿を見せているのだろうか？」そんな疑問を抱くのは、いたって普通の流れだったように思います。

本当に弱いものイジメにしか見えませんでしたから。

なんで家族に共感したり、相手の立場に立つことができないのか、とずっと思っていました。ところが、最近になって、父の怒りの正体がなんとなく分かるようになりました。

父の怒りの正体

心理に興味を持ち、カウンセラーになってからも、父との出来事は、クライアントさんと関わるうえで非常に大きなファクターとなります。セッションを繰り返し、学びを深めていくなかで、少しずつ視野が広がってきて、「もしかして、父のあの怒りは、自分の両親（私の祖父母）への怒りなのでは？」と思うようになりました。

父はずっと、面と向かって言えなかった親への怒りの感情を身近な母に投影していたのではないだろうか、という視点でみてみると、納得のいく部分がありました。私が推測するに、父が抑圧してきた行き場のない両親へのマイナス感情が、大人になっても消えることなく心の中に存在していたのでしょう。

父は、自分の中では認めたくない、弱く情けない父自身の姿を、目の前の母親に投影していたのです。何をするにもトロい、常識がないと見下す母の存在は、実は認めたくない父自身の姿だったのだと思います。父の母への怒りの源泉《げんせん》は、ずっと両親（祖父母）の言うとおりの人生を生き続けてきたことへの怒りにあったのだと思います。父も、心の傷が癒えないまま大人になってしまったのでしょう。

そういった視点から物事をみると、父にとって母は、幼い頃から我慢し続けてきた本当の自分を見せられる、唯一の存在だったのかもしれません。祖父母からは、父はとにかく努力家で、反抗期がなかったと聞いたことがあります。

父にとっては勉強で結果を出し、両親を喜ばせることが生きがいだったのでしょう。そしていい会社に入ることで、両親から思いっきり褒《ほ》めてもらいたかったのかもしれません。親に認めて欲しい思いを、大人になってもずっと抱えていたからこそ、「自分はすごい」という言動を、恥ずかしげもなく家族にみせていたのでしょう。

自立できない母

母は、そういった父の思いを受け止め続けてきました。何をされても、何を言われても、文句も言わずに父の言うことは絶対、というルールを守ってきました。その結果、父はそこに自分の居場所をみつけたのです。

両親を喜ばせることに生きがいを感じる父

自分が何をしても許される王国が父にとっての家庭だったのですね。モラハラの家庭をたとえるときに、檻《おり》（家）の中に獰猛《どうもう》な肉食動物（加害者）がいて、その中に一緒に住んでいる（被害者）ようなものだと言われることがあります。

「すぐに檻から出なさい！」と言われても、どうやって出たらいいのか分かりません。自分がどうしたいか、何をしたいのか考えることすらできなくなっているのです。母も自分が何をしたいか、どんな人生を歩みたいのか考えることができなくなっていたのかもしれません。

先がみえないと、どんなに目の前の生活が辛くても、その生活にしがみつくようになります。こうして、自ら自立できるチャンスを逃してしまうのです。モラハラの被害者は、セルフイメージが低い傾向にあるので、他人にすがらないと自分は生きていけないという「思い込み」が、根底にあります。

そして、相手の言っていることは正しいと全面的に受け入れることで、自らを納得させようとします。共依存関係の一丁上がりです。

こうした家庭で育った子どもは、感情を抑圧することを学びます。なぜなら、目の前の両親をモデルとして育っていくからです。このようにして、親子の負の連鎖は代々受け継がれていきます。このあたりのことは、第六章で詳しくお話しします。

お互いのメリット（ここでいうメリットとは、母は自立しなくてすみ、父は自分の自尊心を保つことができる）が自立を妨《さまた》げる大きな要素となり、本人が気付かないうちに根を生やすのです。私が過去学んだことのなかに、「全てのことには肯定的な意図がある」という考え方がありました。意識では「嫌だ、やめたい、なんとかしたい！」と思っていても、無意識ではそのことを求めているという考え方です。

たとえば、意識では病気は嫌だと思っていても、回復に向かった行動を取らない人は、病気になることで何かしらのメリットを得ていると考えます。働かなくてすむ、周囲が優しくしてくれるなど、病気になることでこれらのメリットを享受していることになります。また、ダイエットしたいと思っていてもなかなかできない人は、食べることの満足感はもちろんですが、自ら好きなだけ食べることで、自分自身が「行動をコントロールしている」という感覚を得ることができているのです。

お酒もそうですね。飲み過ぎて失敗しても自分の感情を思いっきり解放したり、万能感を得ているといったメリットがそこにはあるのです。頭（意識くん）と感情（無意識くん）が綱引きをしているのと一緒です。

無意識くんは、意識くんの何万倍もの力があるといわれています。当然、綱引きをしたら無意識くんが一瞬にして勝ってしまいます。もはや勝負になりません。そもそも自立したくてもできないのは、無意識のなかで「自立したくない！」という強い思いがあるからなのです。どんなに理不尽で支配的な人でも、その人に力（稼ぐ力など）があれば、自分が何もしなくても生きていけるから、わざわざそこを離れる必要はないのです。

子どもを利用して自尊心を保つ親

ここで、このような共依存関係にある夫婦関係が子どもに与える影響をみていきます。その前に、夫婦仲が良くお互いに自立した関係性を築いている場合は、どのような影響を及ぼすのかみてみましょう。

『ファミリーシークレット――傷ついた魂のための家族学』から引用します。

「そんな子どもたちは、両親を喜ばせなければならないという思いを抱く必要がなく、両親の空虚感や欲求不満をなんらかの方法で満たしてあげなければならないというプレッシャーを感じる必要がない。自己分離が高いレベルで達成できている両親は、やはり高いレベルでお互いの親密度を達成しているので、子どもを配偶者化するようなことはない。」

このように、親も子どもも自立した関係を築けていれば、必要以上に自分のことを犠牲にすることはありません。お互いの人生を尊重し、いい意味で自分は自分、相手は相手と境界がしっかりしているのです。

「しかし両親の自己分離のレベルが低く、夫婦生活が満たされていないと、彼らは彼らの欲求を満たすために子どものなかのひとりに注意を向ける。自分自身が母親から愛されたと感じられなかったり自分に値打ちがあると教えられなかった母親は、無意識のうちに、子どもを自分に頼らせるように仕向けるものである。自分自身の父親から有害な恥の感覚を植えつけられた父親は、子どもたちにもやはり有害な恥を与えるし、自己を信頼する感覚を成長させることを妨げ、なにを決定するにも父親に頼るように仕向けるであろう。」

親がいつまでも自分の親へのマイナス感情を抱えていると、その不足感を埋めるため、子どもを無意識に利用します。無意識だから誰にも加害者・被害者という感覚がないのです。

こういったケースはどうでしょう。親を見てこんな親にはならないと固く決心し、そのまま親を反面教師として子どもが成長したら、同じ過ちを犯すことは減りそうですよね？

ところが、父または母とそっくりなパートナーを引き寄せてしまい、親との関係を目の前のパートナーに投影して繰り返してしまうのです。

子どもにとって親は、初めて見る「大人」の人間です。人付き合いにおいての基本は、親から学びます。親をモデルケースとして育つため、親の振る舞いや言動が、無意識のうちに強烈な記憶となって残ります。その記憶が、大人になっても人間関係に繰り返し現れてしまうケースが多いのです。また、心の中で強く親への否定の気持ちを持ち続けて生きていくことは、結局は「親に囚《とら》われて生きている」ことになり、その都度《つど》、親の記憶に振り回されてしまいます。

前者のように、親をモデルケースにして育つことを「モデリング」といいます。「こんな人になりたい！」と尊敬する人の真似をして生きると、プラスの効果を発揮するのですが、幼い頃はまだ善悪を判断できる基準ができていないので、良いことも悪いこともそのままモデリングしてしまうのです。共依存状態だと、自分が何を感じ、何をしたいのかという自立心が親によって摘《つ》まれてきてしまったので、善悪の判断も育ちにくいのです。

親も結局、自立心がないので、子どもに依存させることで、親自身の自尊心をなんとか保とうとします。『ファミリーシークレット――傷ついた魂のための家族学』より、具体的な事例を引用します。

「その結果、彼らは子どもを永久的に束縛し、巻き込んでゆくことになる。子どもに依存され続けることによって、父と母は子どもに愛されていると感じ、自分に価値があり満たされていると感じることができる。一方子どもは、自然な成長にしたがって、両親から離れ、自主性を持ちたいと願う。つまり自己分離の欲求は本能的に備わっているものなのだが、情緒の不安定な親によって拒絶感を味わったり、じゅうぶんな愛情を注がれなかったりすると、自立心は脅かされ、子どもはいつまでも親から離れていくことができない。

親から離れることができない、とはどういうことか。それは子どもが自分自身の感情や考えや欲求を持てない、自分自身の気持ちがよくわからない、どんな経験も自分のものとして把握することができないということだ。」

親の前では本心を隠して「いい子」を演じ続けることで、自らの感情を感じられなくなり、大人になっても自分の行動を親に監視されているかのように思い込み、制限してしまうようになります。そのことに気付いていない場合も多いので、それを自分の性格だと思い込んでしまうのです。

第五章　アルコールという「力」への依存

アルコールの快楽に魅せられて

私自身、アルコールには随分といろいろな思い出があります。プラス面、マイナス面とともにあるのですが、あらためて振り返ると、マイナス面のほうが圧倒的に多いです。もともとそんなに暗いお酒を好むわけではなく、明るくパーっと楽しく飲みたいほうなのですが、一度飲み出すと、なかなか止まらないのです。また、記憶を失くしてしまったり、持ち物（財布、スーツ、カバンなど）を紛失することも多く、周囲に迷惑をかけてきました。

なんか他の人と飲み方や酔い方が違うな〜と薄々感じてはいましたが、「周りの仲間も楽しんでくれてるし、いいか！」なんて軽い考えでいました。お酒が原因のトラブルも定期的にあり、よくここまで大事もなく、無事でいられたと思います（そう思っているのは自分だけかもしれませんが……）。

最初からお酒が好きだったわけではなく、初めは缶ビール一缶飲みきることができませんでした。カクテルやサワーなどの甘い味のする飲みやすいお酒でも、二〜三缶飲めば充分。それが、そのうちお酒への耐性ができてきて、気付けば、かなりの酒量を飲むようになっていました。

本格的に飲み始めたのは一五歳頃からでしたので、一七歳頃には大人も顔負けの飲みっぷりでした。当時は年齢確認もそこまで厳しくなく、見た目も老け顔だったので、普通に居酒屋に行ってお酒を飲んでいました。

どうしてそこまで飲むようになったのか、自分なりに振り返ってみると、お酒を飲むと解放感を感じるので、「自由な気分」を思う存分感じることができたのが大きいですね。それと、お酒を飲むことで、普段はなかなか表に出せない目立ちたがり屋の性格が顔を出し、周囲を楽しませたり驚かせたりするために、わざと注目を浴《あ》びるような行動を取ることが気兼ねなくできました。

普段は、自分の感情を抑えて相手に合わせ我慢したり、本当は目立ちたいけど、クールなキャラを演じ、馬鹿になれずにいました。目立ちたいけど、目立った時におもしろくない、空気を読めない奴と思われたらどうしよう……、という気持ちが先行してしまうのです。

それが、お酒を飲むことで普段思っていたことが、なんでもできました。たとえば、率先して変顔したり、志村けんさんの変なおじさんの踊りをしたり、馬鹿に徹して周囲を和ませることに、ある意味命をかけていました。

そんな自分を見て、周囲がおもしろがったり、こいつは変わった奴だと思われて、注目を浴びることに快感を感じていました。いつしか、飲み会にいると井上はおもしろい奴、そんなキャラになっていたと思います。「あいつはお酒が強いし、おもしろい」と言われることに、喜びを感じていました。人から注目され、必要とされるのが嬉しかったのです。

アルコールは力の象徴

このように自由を感じたり、感情を解放できたりと、お酒は私にとってはいいことづくめでした。気分もよくなるし、仲間との絆《きずな》も深まると思い込んでいました。お酒さえあれば、自分らしくいられる、本気でそう思っていました。そして何より、お酒は私にとって「力の源《みなもと》」だったのです。

無力な自分が、お酒という力（パワー）を借りることで、喜怒哀楽すべての感情や、日頃感じていることを遠慮なくぶちまけられます。

おもしろい奴と思われる一方で、そんな飲み方をしていたので、度を超すこともしょっちゅうで、本気で周りの友人達から注意されたり、最終的には私から離れていってしまう人もいました。それでも、酒飲みは集まるんです。酒の席だから仕方ないという言い訳を吐きながら……。

本書では書けないようなお酒絡みのネタはたくさんあるのですが、とにかくお酒というものに大きな魅力を感じ、完全に依存していたのです。自分からお酒を取ってしまったら、生きていてもつまらない。お酒がない人生なんて、色のないモノクロの人生と一緒だと、本気で思っていました。それくらいお酒が大好きでした。

でもそれは、お酒が好きなのではなく、お酒を飲むことで得られる感情が欲しかっただけなのです。普段、抑圧していた感情を、酒の力を借りてここぞとばかりに出すことで、なんとかバランスを取っていたのでしょう。お酒は力をくれるのと同時に、バランスを取る役目も担っていたのです。

お酒は、私にとって「力の象徴」でした。幼い頃から自分の無力さを嫌というほど実感してきたので、そんな自分が弱くて情けなくて嫌いでした。でも嫌いと素直に認めることは、無力な自分を認めることになってしまうので、そのことに向き合わないようにしてきました。隠しているつもりでも、不足面にばかりフォーカスしていたので、人と会っていても、仕事をしていても、常に無力な自分がばれやしないか、そればかり気にしていました。弱くて情けない無力な自分を知られたら、相手はきっとがっかりして、自分の元から去っていってしまう……。

それは私にとって、自分の存在価値が無いことを意味します。だからお酒を飲んで、周囲から注目されるような馬鹿なことを率先《そっせん》してやったり、予測不可能な行動をしていたのですね。でも、結局は飲み過ぎて記憶を無くしてしまっていました。

こうして、自分の身体《からだ》を壊してまで飲み続けていたのですが、本当は、普段私が無理や背伸びをして生きていることに、気付いていた人もいたのではないかと思います。

しかし、私は酔うことで、「人とのつながり」という安心感を求めていたのだと思います。安心感を感じる、最も手っ取り早い方法がアルコールだったのです。お酒が飲める人とは誰とでも仲良くなれると思っていましたし、自分中心に話が回っている時は、最高に悦《えつ》な状態に入っていました。なんて自己中心的な発想なのだと、我ながら呆《あき》れてしまい恥ずかしくなります。

自分が楽しくなりたいから、周囲を巻き込む。まさにとばっちりですね。そこで「力」を発揮しなくても、いくらでも自分の力を発揮できる場所はあったはず……と、今では思います。きっと私の中で、「力さえあれば、周囲がすごい！　と認めてくれる」と思っていたのですね。

自分で自分のことを認められないから、人に認めてもらおうとする。そんな一時的な満足では、本当に満たされるはずがありません。だから、満たされた感情を繰り返し味わいたくなり、お酒を飲み続けてしまうのです。お酒を飲んでいる間は、不都合な部分をみなくてすみますから。

会社員として組織で働いている時も、お酒を飲んだ時には、ここぞとばかりに普段なかなか話をしにくい人に自分が思っていることを話し、勝手につながりを感じていました。真剣な話もたくさんしますが、常に「相手から自分のことをどう思われているのか」ばかりに意識がいっていました。相手が話している時には「次に何を言おうか」「なんて言ったら相手からすごいと思われるのか」、そんなことばかり考えながら聞いていたのです。なので、相手の話を聞いているようでいて、実際は聞いていなかったのでしょう。

結局は他人の目を気にしているようでいて、他人から見られる自分のことばかり気にしていました。「力があれば、人はついてくる。話を聞いてくれる。同調してくれる。だから自分には力がないとダメなんだ！　そのためにはお酒が必要」こんな短絡《たんらく》的な発想だったのです。

素面《しらふ》の時は自信がないので、相手の言うことにNOはほとんど言えませんでしたし、嫌われたくない思いばかりが頭をよぎってしまい、無理をしている自分が嫌で嫌で仕方ありませんでした。「本当の私はこんなんじゃない！　もっと力を発揮できるのに！　ここは自分の居場所じゃないし、もっと自分に向いていることは他にもあるはずだ！」と、相当な勘違いをしていました。

なぜ外的なものに依存してしまうのか？

そもそも依存症とはどんな状態を指すのか、あらためて調べてみました。

『「やめられない心」依存症の正体』（クレイグ・ナッケン著、講談社、二〇一二年）のなかでは、依存症とは、「人間の力では本来コントロールできないこの自然のサイクルを、無理やりコントロールしようとする企《くわだ》てである」と述べられています。

一般的に「依存」と聞くと、アルコール、タバコ、薬物などの物質を摂取することで快楽や刺激を得て、その物質に執着、依存することを言いますよね。次第に耐性ができてきて、自分の意志ではコントロールがきかなくなります。

最近では、インターネットやゲーム、携帯電話などの行為に対しての依存もよく聞きます。ほかに行為への依存に該当するのは、ギャンブル（パチンコ、競馬など）や恋愛、セックス、買い物などがあげられます。恋愛は、人間関係に対する依存といえます。遅くまで常習的に仕事にのめり込んだり、休日関係なく仕事ばかりしている人はワーカホリック（仕事中毒）とも言われます。このような中毒や依存症のことを「アディクション」という言い方もします。

ではなぜ、人はアディクションに陥《おちい》ってしまうのでしょうか？

『「やめられない心」依存症の正体』から引用します。

「どのようなアディクションであれ、冒された人はみな例外なく、対象物を使用したり特定の行動をすることにより、自分が望む〝気分の変化〟を自分のなかに起こそうとします。」

気分の変化はいろいろあると思いますが、高揚《こうよう》感、多幸感、満足感などが挙げられそうです。最初は、自ら気分の変化をコントロールする感覚に快感を得ているのですが、次第にコントロール不能に陥っていきます。アディクションが進むたびに、心理面で変化が起こるからだそうです。

再び、『「やめられない心」依存症の正体』から引用します。

「覚醒感のアディクションが進むと、その感覚を得るたびに多幸感や満足感が高まり、自己実現が達成できるような気分になります。そして自分には何も恐れることがないような、何でもできるような気分になることさえありますが、もちろんそれは錯覚にすぎません。それればかりか、そのように感じているまさにその時に、その人は気づかぬうちに力を消耗しているのです。それでその人はさらに力を得ようとして、覚醒感を呼び起こす対象物の使用や行動をさらに続け、しだいにそれらに依存してゆきます。

しかし残念ながら、それらの行為を続けていると、しだいに『不安感』が押し寄せてくるようになります。それは、求めていた『力強い感覚』とは正反対の感覚です。その時の不安感には2種類あり、一つは『覚醒感によって得ている力を失うこと』への不安であり、もう一つは『本当は自分に力がないことがバレてしまうのではないか』という不安です。そのため彼らは、その不安を打ち消そうとしてさらに対象物を使用したり、対象となる行動をしたりする悪循環に陥ります。」

私がアルコールに求めていた「気分の変化」は力だったとお話ししましたが、もちろんそれは錯覚《さっかく》だったのですね。飲めば飲むほど、力を消耗し、不安になるからお酒を飲み続ける。日常生活に戻っても自信のない自分を感じたくないから、夜になると飲む。

結局、不安になったり、自信を得たいときにお酒を補給していたような感じでした。そして、次第にお酒に依存していくようになっていったのです。特に初対面の相手や、大勢で飲む機会がある時は、自分の力を誇示《こじ》するために、大量にお酒を飲んでいたのですが、今ならその理由に納得できます。不安を隠すことに必死だったのです。

「そのままの自分には価値がない」、そう思い込んでいたからお酒に頼り、過去の武勇伝《ぶゆうでん》を恥ずかしげもなく披露《ひろう》したりして、あたかも自分がその場の空気をコントロールしているかのように錯覚し、自分の居場所を作ることに必死だったのです。

お酒を飲むと優しくなった父

アルコールと私の関係は、父親がお酒を飲んだ時とそっくりでした。飲むと饒舌《じょうぜつ》になる、なかなか酒量をコントロールできない、休日は夕方前になると飲みたくてソワソワしている……など、あげれば共通項はたくさんあります。

実際、父とアルコールの関係を客観的な視点でみたことがなかったので、あらためて比較してみると本当に私とそっくりで驚きました。ただ、アルコールに対する貪欲《どんよく》さといいますか、お酒に囚《とら》われている深さでいうと、私のほうがより深刻でした。父は、普段はしかめっ面で近寄りがたいオーラをビンビン出していて、うかつに近づいたり声をかけたりできませんでした。そんな父がお酒を飲み始めると、空気が少し「ゆるむ」のです。

そんな時は、唯一父に話しかけられる時なので、自分から学校の話をした記憶もあります。その時の父を色でたとえると、冷たいブルーが温かいオレンジ色に変わったような、そんな印象でした。父にとっては仕事が戦場だったので、周囲に弱みは一切みせられなかったのでしょう。きっと、常に鎧《よろい》を身にまとい、臨戦態勢で働いていたのでしょうから、家に帰って安心して、着ていた鎧を脱ぎ一息つくのに、「アルコール」は最高の贅沢《ぜいたく》だったのだと思います。

父にとってもアルコールは、生きるうえで無くてはならないものになっていたのでしょう。酔うと同じ話ばかりしつこく話していましたが（たいていの家庭のお酒を飲んだ父親像は共通でしょう）、とにかく機嫌がよくなりました。ときには感情的になって怒りをぶちまけたり、親戚の集まりなどでトラブルメーカーとして迷惑をかけることもありましたが、比較的、気分よく飲んでいた印象が残っています。テレビ番組も、NHKしか見ないような生真面目な父でしたが、お酒を飲んで酔っ払うとダジャレも言っていました。おもしろくなくても、誰もつまらないとは突っ込めませんでしたが……。

私が成人してからお酒が飲めるようになると（実際は未成年から飲んでいましたが）、一緒に飲めることが嬉しかったようで、よく晩酌《ばんしゃく》に付き合わされたり、居酒屋に行った時などは嬉しさを抑えきれないのか、浴びるように飲んでいました。その時の高揚感を終わ

「あと１杯だけ！」

らせたくないから飲み続けるのでしょう。その思いはよくわかります。

私自身がそうだからです。途中で飲み会が終わると寂しいので、朝まで飲み続けたり、二～三杯のつもりが何十杯も飲んでいたり、そもそも一～二杯飲むくらいなら飲まないほうがマシ！　とまで思っていました。お酒を飲み続ければ、高揚したいい気分が持続すると思い込んでいるのです。

だから途中で飲むことを終わらせることは、私にとってはいい気分がプッツリ切れてしまうことを意味していたので、苦痛そのものでした。父も晩酌時に「あと一杯だけ！」と何度も母に懇願《こんがん》していました。その時点で「あと一杯」ではないのですが、気付けば私も、「あと一杯だけ！」と口癖のように言っていたのですね。笑い話のようですが本当の話です。

父がお酒を飲む姿を幼い頃から見てきて、大人になって父の飲み方を完全にコピーしていたのです。また、普段怖い父親が唯一優しくなる時がお酒を飲んでいる時だったので、私にとっては「お酒を飲むと人は優しくなる」という思い込みを、どこかで信じていたのかもしれません。今でもお酒は人間関係の潤滑剤《じゅんかつざい》のような機能があると思っていますが、人よりもその思いが強いのかもしれません。

ブラックアウトを繰り返し……

それ以上に、私にとっては、お酒は「力の象徴」だったので、実際は「嘘の効果」でも、酔っている時の感覚は何物にも代えられないくらい、気分のよいものでした。次第に、アルコール無しでは自分本来の感情を出せなくなり（特に仕事の人間関係で）、お酒を口実に外出したり、お酒を飲むことを隠すようになっていました。若い頃から飲み続けてきたので耐性もでき、行動パターンがお酒中心になり、お酒を飲むことを何よりも優先して考えるようになっていたのです。

お酒での失敗や、周囲に迷惑をかけることはなかなか直らず、むしろ一回一回の飲み方がひどくなっていきました。翌日は大事な集まりがあると分かっているのに、つい飲んでしまい、酒量のコントロールがきかなくなり、記憶を無くすこともありました。お酒を飲むこと自体は悪くないのですが、自分でお酒の量をコントロールできないことが問題なのです。

なんとか約束の場所に向かおうとしますが、お酒も残っており、正常な判断や行動ができません。這《は》いずり回るようにして、やっとのことで移動しても、電車に乗ると何回も乗り過ごす始末。もうこうなってしまったら何をやってもダメです。正常な判断ができていないので、事の重大さにも気付いていないのです。過去に、祖母のお葬式に遅れて参列するという大失敗をしでかしてしまったこともあります。

こんなにひどい状態になっても、「自分はまだ大丈夫、働けているし問題ない」と、本気で思っていたのだから始末に負えません。典型的なアルコール依存症者の行動・言動パターンに陥っていました。「自分は平気」と、アルコールで問題を起こしている事実を認めようとしないのです。むしろ話のネタになるとさえ思っていました。

このように「否認」をし続けることで、どんどんひどくなっていく自分を決して認めようとはしませんでした。記憶が無くなるような飲み方を続け、散財し、いよいよ決定的な出来事が起こります。ちょうど、父親の体調が悪くなっていた時期で、皮肉なことに父親が体調を悪くしてしまった原因は、お酒を飲んだ帰り道に転んでしまい、頭を強打したことだったのです。それがきっかけとなり、どんどん容態が悪くなり、アルツハイマー型認知症を患《わずら》ってしまいました。

そんな父の姿に平静を装《よそお》っていましたが、本当は大きく心が動揺していたのでしょう。居酒屋に一人で飲みに出かけることが増えてきました。

そんなある日のことです。その日も動揺を感じないようにするため、お酒の力を借り、カウンターで一人で飲んでいました。一人で飲むことはよくないことだとは頭では理解できていても、身体がついつい求めてしまうのです。いい気分になって気が大きくなってきたところで、近くにいたお客に絡み始めました。

心の中では「俺はこいつらみたいに毎晩飲んでは、社会や会社の愚痴を言って現実から逃げている奴らとは違うんだ」と、どこかで見下していました。

口では直接言ってないのですが、そんな思いが顔や態度に出ていたのでしょう。徐々に険悪な雰囲気になってきました。きっと私の本心が伝わったのでしょう。私の言動、行動を有無を言わさず全否定されたのです。考えが甘い、人の気持ちを分かってない、など徐々にヒートアップしてしまい……。

そこからの出来事は、記憶のブラックボックスに葬《ほうむ》り去りました……。

その時私は、自分の人格を否定されたことに強い反発を覚えました。

でも、今なら分かります。相手を見下していたのではなく、本当は自分のことを見下していたのでしょう。相手の中に投影した自分が、そんな私に対して噛《か》みついてきたのです。「おまえも一緒じゃないか!!」と。いい加減気付け、と教えてくれていたのだと思います。

相手の中に自分自身を見る「投影」の心理に気付いたのは、マイコーチをつけていたことも大きかったと思います。ちょうどその時期は、コーチングを受講していたので、こういった話をマンツーマンで聞いてもらいながら、その時の自分の感情を整理する時間を作っていました。

その当時のコーチが、この時の出来事や、私の動揺の原因に気付かせてくれたのです。コーチはすぐに気付いたと話していましたが、私はなかなか分からないままで、人間は自分のことは分かっているようで全然分かっていないのだなと、実感しました。

動揺の原因は、父の体調不良だったのですが、コーチングを通じて自分の感情を受け入れることができたのは非常に大きかったです。

強烈な心地よさの理由

それでもそう簡単に、今までの依存体質をガラッと変えられたわけではありません。何度も失敗を繰り返しては反省して行動するという地道な活動を続けました。依存症関連の専門書も読みあさりました。少しでも、自分の行動の裏にある本心を理解して、安心したかったのでしょう。最悪は依存症専門の病院に行くことも考えました。実際にネットで近くの専門医を調べることまではしましたが、結局は行きませんでした。

それだけ、今後の自分に不安を抱え、家族を守るために私はどうしたらいいのか？ と真剣に考え思いつめていました。そして、「このままだと、いずれ取り返しのつかないような大問題を起こすのでは……」という恐怖心を抱えておりました。自宅にお酒を置かないようにして環境から変えてみるなど、できることはたくさんありました。外に飲みに行く時は炭酸水にカットレモンを入れたものを飲んだり、トニックウォーターやノンアルコールビールを飲んだりしていました。でも、それもそんなに長くは続きませんでした。

「そもそもなぜこんなにお酒を飲みたくなるのだろうか？」という根本の部分を知ることと、そんな自分の状況を認めてしっかりと受け入れることが大切だったのだと、後で気付きました。

結局は、「自分はまだ平気、もっとひどい状況の人はたくさんいるから」と現実を認めようとはしていなかったのです。「酒量さえコントロールできればなんの問題もないのに！」「あと一杯」「もう一杯だけ！」このフレーズこそが問題なのだと思っていました。「お酒さえ飲まなければ、もっとやりたいことに時間を使えるし、充実した人生を生きられるのに」という気持ちを持ちながらも行動がともなわず、ジレンマに陥っていました。

完全に白黒思考になっていました。自分にはどちらかの生き方しか選択できない、と決め付けていたのです。知らず知らずのうちに自分を責め、追い込んでいたので、苦しかったですね。お酒は確実に気分の変化をもたらしてくれますが、飲んだ翌日は必ずと言っていいほど、後悔もしていました。

後悔というより、罪悪感に近かったかもしれません。また飲みすぎてしまった、記憶を無くしてしまった、一日が無駄になってしまい自分との約束を守れなかった、こんな思いを何度も繰り返し味わっていました。その日一日は本気で猛省《もうせい》するのですが、すぐにその時の罪悪感を忘れ、お酒を飲んでしまうのです。「いったい自分は何度同じことを繰り返せば気がすむのか……」と自分を責め続け、周囲に謝る。当然、自分自身への信頼もなくなるし、周囲からもだんだん信用されなくなってきます。

『「やめられない心」依存症の正体』では、次のように説明しています。

「アディクションに冒された人は、行為を始めたことで作り出される高揚感や多幸感を感じながらも、同時に羞恥や怯《おび》えや罪悪感などを覚えていることがよくあります。しかも彼らはそれを〝強烈に〟感じています。彼らはその時、自分がその行為をする瞬間を強く感じていますが、それはこの強烈さのためです。

しかし、『強烈さ』は『親密な結びつき』と同じではありません。彼らはそれをいつも混同します。たとえばアルコール依存症の人が、飲み友達と飲んでいる時には意気投合し、心の底からわかり合えたように感じても（＊意識に強烈さがある）、しらふになればたちまちその感覚が失われてしまう（＊親密な結びつきはない）などはその典型です。」

この文章を読んで、私は心底納得しました。お酒を飲んだ時のあの強烈な心地よさをはっきりと覚えているから、何度も味わいたくなる。しかし、その強烈な心地よさと、その場にいる他者との結びつきは別物なのです。

その場では大いに盛り上がっても、翌日になると、なんであんなことで盛り上がったのか……と、感情が冷めているのです。よくよく内容を思い出してみると、たいして実のある話をしていなくても、飲んでいる時は、どんどん盛り上がり、まるで唯一無二の親友のような関係になっているのだから不思議です。

私はアルコールの専門家ではありませんが、自分自身がアルコールに魅せられた一人として、少しでも自分の経験や持っている知識を必要な方に伝えていこうと思います（結果的にお酒は完全にはやめていませんが、酒量は減りました）。

◆コラム◆やめたいこと、変えたいことの肯定的意図をみつけるワーク

第四章で「全てのことには肯定的な意図がある」というお話をしましたが、頭や意識では嫌だ、やめたい、何とかしたい！　と思っていても、無意識ではそのことを求めています。なぜならそこに、自分なりのメリットがあるからです。

このワークではやめたいけれど、なかなかやめられないことを一つ思い浮かべていただき、それをすることで、あなたが得ているメリットを発見していただきます。意外な答えに行き着くかもしれません。

①「やめたいけれど、なかなかやめられないこと」や「ついつい先延ばししてしまうこと」について書いてください。
それについて考えると、どんな感じがしますか？

② 仮に想像してみてください。もし、やめないこと（やらないこと）で手に入れている（得ている）ことがあったら、それはなんでしょうか？　その気持ちを感じてみてくだ

さい。

③　②の答えAを手に入れていることで、さらに手に入れている（得ている）ものがあったら、それはなんでしょうか？

④　③の答えBを手に入れていることで、さらに手に入れている（得ている）ものがあったら、それはなんでしょうか？
上記の質問をしばらく続け、抽象的（肯定的）な言葉（C）が出てくるまで続ける。

⑤　あなたは、心の深いところでは、Cを大切にしていて、そして、それを満たすためにBを大切にしていて、そして、それを満たすためにAを手に入れているから課題の状態なんですね。

⑥　始めの感じと、今の感じを比較したらどうですか？

⑦　Cを大事にしながら今の課題を解決するためには、どんなアイデアがありそうですか？

第六章　負の家族連鎖を断ち切る

家族は「モデリング」されている?

家族の暗黙のルールは次世代へと引き継がれるという話は、親子の問題で悩まれている方にとっては、だいぶ認知されてきたのではないでしょうか? ここであらためて、アダルトチルドレンが育つ家庭環境(機能不全家庭)をみてみましょう。

「アダルトチルドレン」という概念の生みの親であるクラウディア・ブラックは、次のように述べています。

「小さい頃から親に十分甘えたり、のびのび遊ぶ機会を与えられないことがしばしばです。両親のいさかいに巻き込まれたり、いつも自分のことは後回しにされたりします。幼い頃から家庭内の緊張を感じとり、なごむように冗談を言ったり、親のグチの聞き役や世話役になったり、不安な状況を避けるため片隅で息をひそめたり、『いい子』になることで自分の存在を認めてもらおうと苦しい努力を重ねたりします。逆に『悪い子』を演じることで親の問題を見えなくさせる役目を果たしている場合もあります。」(「アルコール薬物問題全国市民協会(ASK)」ホームページより引用)

このような機能不全家庭で育つと、アダルトチルドレンになる可能性が高くなります。

本来、子どもがのびのびと素直に育つのに必要な家庭環境として、親から無条件に愛され、認められ、安心できる場所が理想です。ただ、親も親で、初めての子育ての場合、最初は手探りなのはみんな一緒。親としての自信が初めからある人なんていません。よかれと思ってやったことがうまくいかなかったり、いくつもの失敗を重ねながら、「家族」の絆《きずな》を築いていくものだと、私は思います。こういった観点からみると、最初から完璧な家族などなく、皆、少なからず機能不全な部分を抱えているのではないでしょうか。

こういった客観的な認識を親が持たずに、親のエゴばかりを子どもに押し付け、それが家族のシステムとして凝《こ》り固まっていることが問題なのです。

機能不全家族には、次のような暗黙のルールがあり、子どもを支配していると、クラウディア・ブラックは述べています。


「〈話すな〉問題について話し合うのはよくない。

〈感じるな〉感情を素直に表わすのはよくない。

〈信頼するな〉人を信じてもろくなことはない。」

「子ども時代に身につけた生きる手段は、その人の個性・能力・特技として発揮される一方で、その人をがんじがらめに縛る鎖ともなります。たとえば、リラックスするのが苦手だったり、自分の気持ちを表現できなかったり、他人の問題まで自分の責任として引き受けてしまったり、という風に。こうした中で、ある人は仕事にのめり込み、ある人は世話をする対象を求め、ある人は緊張をとくためにアルコールや薬物に依存していきます。こうして、多くの人が、自分の育った家庭と同じような問題を再現することになります。」

私は、このように自ら育った家族を再現してしまうことを「家族のモデリング」だと考えています。「家族のモデリング」とは、親の思考のクセや言動、態度や、親が他人とどんな付き合い方をしているのかといった人間関係、子育てのスタイルなどを、子どもが大人になって、そっくり真似してしまうことです。

怖いのは、真似している本人は、無意識だということです。むしろ「親のようにはならない！」と強い気持ちを持って、親の生き方を反面教師として生きていた人でも、気が付くと「親と同じ生き方」をしているのです。

たとえば、親から虐待されて育った人は、子ども心に「自分が大人になったら、絶対に子どもを虐待しない！　たくさん愛してあげるんだ！」と思っています。しかし、「虐待しない」と、強く強く何十年も意識に刷り込み、思い続けることは、かえって「虐待」を引き寄せる結果となってしまいます。たとえ自分が虐待という形で直接手を下さなくても、虐待するようなパートナーを選択するようになる確率が高くなります。

なぜなら、本人が無意識に、心のどこかで「自分は虐待される人間なんだ」と思い込んで生きているので、その思い込みを実現するかのように虐待するような人間をわざわざ選んでしまうのです。

「家族は仲良く幸せでいるべき」という思い込み

私自身、両親の不仲を見て育ってきたので、「大人になって自分が家族を持ったら、仲が良い温かい家庭を築くんだ」と強く思って生きてきました。知らず知らずのうちに、そういった家族をテーマにした感動ドラマを見たり、小説を好んで読むようになっていました。また、そういった「家族の絆」のようなものを仲間にも求め、学生の頃は、親友ができたことに心底安心し、何よりも嬉しかったのを覚えています。と同時に、仲間がいつか私に愛想《あいそ》を尽かして離れていってしまうのでは？　という不安感も抱えていました。

それは、恋人でも一緒でした。別れる雰囲気を察知したら、自分が傷つくのを避けるため、たいてい相手から振られる前に自分から振るようにしていました。恋人に関しては、そんな関係を何回も繰り返していましたね。関係が落ち着くと、不安感が押し寄せてきて、自ら相手に嫌われるようなことをしてしまうのです。

話が少し逸《そ》れてしまいました。家族の話に戻しますね。

家族に対しては、私はこんな思い込みが強くありました。

・家族は仲良く、温かい関係でいるべき
・良い夫、良い父親でなければならない
・男はしっかりと稼ぎ、家族を養うべき

とにかく家族に苦労させたらいけないと思っていました。いつでも笑顔が絶えない明るい家庭を思い描いていたのです。いろいろな場所に遊びに行き、たくさんの思い出を共有し合い、思い出を残してあげること。昔、HONDAのCMで「モノより思い出」というキャッチコピーがありましたが、まさに同じ考えで、大いに共感していました。

なぜ、私はこんな思い込みを持つようになったのでしょうか?

人は誰でも何かしら強い思い込みを持っているものですが、人によってはそれを「自分の価値観や性格」だと考えている方もいます。良い思い込みであれば問題ないのですが、自分を苦しめたり、無理をしたり、他人に迷惑をかけるような思い込みは、できれば手放したいと思いませんか？

強い思い込みが価値観をつくる

そもそも思い込みは、あなたの「過去」にヒントがあります。過去に「繰り返し見聞きしてきたこと」と「強力なインパクトのある出来事」が思い込みをつくっていると言われています。大人になっても思い込みはつくられますが、まだ物事の善悪をしっかりと判断できない幼少期の頃のほうが、強い思い込みになりやすいのです。

特に一番身近な「家族」の影響力は絶大です。父、母、祖母、兄弟姉妹、親戚などから繰り返し言われてきたことは、本人にとって強い刷り込みとなって大人になっても残ります。また、学校の先生や習い事、部活の先生など、当時の子どもにとっては逆らうことのできない大人の影響、友達や先輩の影響、テレビやマンガ、映画などの影響も受けます。

このように、私たちは様々な人やモノからたくさんの影響を受けて育つのです。また、強力なインパクトのある出来事とは、感動したことや恐怖体験、悲しみや怒りなど、「感情が大きく動いた体験」のことを指します。

私の経験でお話ししますね。

私は、幼稚園の頃に団地に住んでいたのですが、ある日、当時の私の足のサイズには大きすぎる親のサンダルを履いて、出かけました。当然、思うように歩けず、階段を降りようとした時にバランスを崩して、そのまま一番下まで転げ落ちてしまいました。

まるで「蒲田《かまた》行進曲」の「階段落ち」でしたね（たとえが古いですね……）。その時、顔面に何度も固いものがぶつかる痛み、ものすごいスピード（本人にはスローに見えていました）、最後まで落ちたあとの、いったい自分の身に何が起こったのか、把握できない呆然自失《ぼうぜんじしつ》の感覚……。今でもはっきりと覚えています。その後の、この世の終わりかと思うほど泣き叫び、早く親に気付いて欲しかったことも。

それ以来、下りの階段は私にとって恐怖となって残り、今でも、滑るのではないか、と身体《からだ》が反応することがあります。「下りの階段＝痛み、恐怖」、としてインプットされてしまったのです。

このように、「幼い頃から繰り返し見聞きしてきたこと」と「強力なインパクトのある出来事」は、その後、同じような出来事や状況が起こるたびに、自分の中のプログラムとして無意識に反応し、一定の感覚や感情を引き起こすパターンとなります（下りの階段を降りるときは身体が硬くなり、転ばないようにしようと力が入る)。

この感覚や感情が「接着剤」の役目をし、その人の思い込みを強め、行動パターンを決めているといっても過言ではありません。思い込み自体に良い悪いはなくて、あくまで自分の経験から学んできたことなので、人によって違いますし、人に押し付けるものでもないのです。深い部分では、思い込みは、自分自身を守る防衛の意味があるのですから。私の経験からも分かるように、二度と勢いよく階段を下って転ぶことがないよう、私の身体を守ってくれているのです。

ただ、この思い込みがあまりにも強いと、自分を縛り付けてしまうことにもなるので、行動における選択肢を狭《せば》め、自ら可能性を閉ざしてしまうこともあります。それを自分の性格だと勘違いしてしまうのです。

たとえば、過去にできなかったから自分には無理と、行動する前からあきらめてしまったり、自分の強い思い込みのせいで他人にイライラしてしまったりします。「他人は自分の鏡」と、よく言いますが、自分の中にある嫌な部分や、認めたくない部分を相手にみると、大きく感情が反応します。嫌いだった自分や、ダメな自分とそっくりな人間が自分の目の前に現れると、ものすごい嫌悪感を感じるのです。自分の中の抑圧した思いは、いつまでたっても満たされないからです。

たとえば、本当は甘えたい気持ちを抑圧して、自分に厳しく自立した生き方を選択した人は、甘えている人や、自分に甘い人を見るとイラッとします。私自身は、自由に振る舞っているのに周りから気に入られる人間や、好きなことを堂々としている人間のことが羨《うらや》ましくて仕方なかったです。

なぜなら、人に気に入られることを優先し、自分の好きなことや、やりたいことを我慢して生きてきたから。嫌なことは嫌とはっきり言える人間、目上の人にも自己主張ができる人間、親と仲の良い人間が、とても羨ましかったのです。

自分の思い込みを認める

このように、強い思い込み（自分では気付いていないものも含める）は、ときに大きな足かせとなります。でも、そんな思い込みを解放する方法があるのでお伝えしますね。

その前に、大切なことが一つあります。それは、自分の思い込みを認めることです。「私って本当は甘えたかったんだ」「こんな思い込みが自分の中にあったのね」と、一歩引いて自分をみるのです。その時点ですでに思い込みから解放されています。その状態で、さらに実践してみて欲しいのが、思い込みと真逆の言葉を口に出して、繰り返し言ってみることです。頭（理屈）で理解できなくても、大丈夫。違和感があっても、とにかく口に出して言うことが大切です。

私の例でやってみると、

・家族は仲良く、温かい関係でいなくてもいい

・良い夫、良い父親でなくてもいい

・男はしっかりと稼ぎ、家族を養わなくてもいい

ここで、天秤《てんびん》を想像してみてください。今までは、強い思い込みによって片方に天秤が沈んでいましたよね？　その天秤のバランスを思い込みと真逆のことを言うことで、戻してあげるイメージです。バランスが取れれば、思い込みがゆるみ、随分と楽な気持ちを感じることができるはずです。カチカチに固まった思い込みという名の角砂糖に、お湯をかけてゆっくりと溶かしてあげましょう。

「私、過去に囚われているな〜」と一歩引いて、客観的に自らをみる感覚を感じることができれば、思い込みがすでにゆるみ始めている証拠。未来は過去の延長線上ではありません。「今」から変えられるのです。

これまで、思い込みについてお話ししてきましたが、この思い込みが、成長とともにさらに強固になって、その人の価値観となっていきます。

もうお分かりかと思いますが、元をたどれば、この価値観は幼い頃の両親の影響がとても大きかったのですね。ということは、知らず知らずのうちに、価値観は親から引き継いでしまうのです。全てではないですが、かなりの価値観を親から引き継いでいるはずです。

あなたの場合はいかがですか？　親に似ているな〜と認識している部分、人から指摘されて初めて認識した部分、どれもあなたを作っている大切な価値観です。

親の価値観が自分に影響しているなんて思いもしない、という人がまだまだたくさんいます。「親とは仲良いです。親にはいろいろ迷惑をかけてきました、私にあんなひどいことを言ったのも当然だと思います。自分も親になってみて、当時は親も大変だったんだな、と思います」

こんなふうに、「親とはなんの問題もない、むしろ自分が幼かったのだ、今では感謝している」とおっしゃる方がいます。なかには、無意識に自分の本心を隠して、親へのマイナス感情を感じないようにしている方も見受けられます。

そこには、「親に対して悪いことを言う自分はダメ」「親は尊敬するべき存在」「親は大切にしなければならない」という強い思い込みが隠れているのです。まだ親の悪口を言うほうが健全だ、という見方もできるのです。

「罪悪感」という名の足かせ

完璧な親など、実際にはいません。親も子どもも欠けている部分があるからこそ、お互いに必要とし必要とされ、成長していけるのだと思います。「親とは全く問題ない」と言う人に共通してみられることが、「罪悪感」を心の中に抱えていることです。その罪悪感が、大人になっても自らの行動を縛り付けてしまうのです。

親から期待されて育つと、何をするにしても、親を喜ばせることが目的になりがちです。習い事や勉強、趣味までもが、親の意向を汲《く》み取り、親が期待する結果を出すための手段となるのです。自分で主体的に何かを決めたり、親に意見したりすることはありません。なぜなら、それは親の期待を裏切ることになるからです。

だから、好きなことをしたり、自分のやりたいことをしようとすると、心の中の幼い頃から抱き続けてきた「罪悪感」が疼《うず》くのです。こうして親の価値観にコントロールされ、親の望む生き方を大人になっても追い求め続けている自分に、いつまでたっても気付けない人が、世の中にはたくさんいます。

自分の望む人生を生きる

自分の本当の感情に気付き、「親の期待に応えなくてもいいんだ！」と思えた人は、自分の望む人生を生きることができます。「自分の望む人生を生きる」と決断するのは、早ければ早いほうがいいですよね。

時間は有限です。人は誰もが、確実に死に向かって歩みを進めています。それは親も同様です。人が死ぬ時に後悔することのなかで一番多いのは、「やりたいことをやらなかったこと」だそうです。やった後悔よりも、やらなかった後悔のほうが断然強いのですね。

まずは、「本当はどんな生き方をしたいのか」「死ぬときに後悔しない生き方ってどんな生き方だろう」と考えることこそ、「親との関係を振り返ること」とイコールなのです。なぜなら、親との関係を振り返ることは、そのまま、自分の今まで生きてきた人生を振り返ることと同じだからです。

子どもにとって親は絶対的な存在です。嫌われたら子どもは生きていけません。『ファミリーシークレット──傷ついた魂のための家族学』では、次のように説明しています。

「子どもたちは、両親を理想化する必要が絶対的にあるのである。彼らは、両親がＯＫ《オーケー》であると信じなければならない。生きていくために両親が必要だからだ。

残酷な仕打ちを受けて、傷つき、痛みを感じ、怒りを覚えるのは自然な反応である。しかし残酷な仕打ちをする親は、子どもの傷を受け入れず、ほんのわずかな怒りの表明をも罰する。

犠牲となった子どもは、親の絶対的な支配下にいる。親は、理由などなくともいつでも子どもを打ち据えることができる。親は、子どもにとって唯一の保護者なので、子どもには逃げ場がない。親はいつも正しいと思わなければ生きていけない。親は、安全な場所にいる。それで『おまえのためなんだ』という言い方がまかり通るのである。」

ひどく残酷で重い話に聞こえますが、多くの親は「子どものため」と信じて疑わず、同じように子どもに接しているのです。「こうなってしまうといったい誰が悪いの？」という話にもなりますが、人間は、自分は正しいと思いたい生き物なので、争ったところで平行線をたどるのがオチです。本当の意味で相手の立場に立って考える努力をしないと、長年積み重なってできた思い込みは、簡単には外れません。

子育てをするなかで気付く親からの影響

相手の立場に立って初めて気付くケースで最も多いのが、結婚して子どもを持ち、子育てするなかで、親の気持ちが初めて分かったというケースです。その人の立場に立たないとみえないことがあるのですね。

プラスの面で言えば、同じ親の立場になってみて初めて子どもを育てる苦労が分かったとか、当時は親も家庭や仕事、近所付き合いで大変な環境だったのだな、と共感できることがあげられます。

でも、マイナスな面もあります。子どもを育てるなかで、ふと親の育て方を思い出し、ずっと蓋《ふた》をされてきた親への怒りの感情がマグマのごとく出てくることがあります。また、子どもが泣いている姿や、自分の感情を抑えて親に気に入られようと振る舞う子どもの姿を見て、幼い頃の自分の親への思いが蘇《よみがえ》るのです。

「親のような子育てはしない」と、親を反面教師として生きてきたのに、子どもに対する接し方が親とそっくりな自分に気付き、愕然《がくぜん》とする人もいます。親の立場になったことで、忘れていた過去の傷が突然姿をあらわすのです。動揺し、もう昔のことだと忘れようとするのですが、一度気付いてしまうと、同じような出来事が起こるたびに思い出されるようになります。

なぜなら、傷は癒えてないからです。ずっと本当の感情を認めてこなかったからです。

幼い頃に蓋をしてきた、過去のあなたの感情が、今のあなたに「気付いてよ！」と言っているのです。

ここで初めて怒りを覚える人もいます。

ずっといい子だった人にとっては、遅く訪れた親への「反抗期」ともいえるかもしれません。しっかりと自分の感情を感じて、解放してあげれば、気持ちがすっきりと軽くなります。解放しただけで問題が解決するわけではありませんが、解決への大きな一歩を踏み出したことになるのです。

まずは、あなた自身の感情を感じましょう。親の価値観や期待は、この際、一切考えないようにします。

「考えるなと言われたら余計考えてしまう……」、なんて声も聞こえてきそうです。

そうした時は、「本当はどうしたいの？」と、自分に優しく問いかけてみてください。

静かな空間で誰にも邪魔されない時間を確保して、ゆっくりと自分の呼吸を感じ、全身の力を抜いて、「本当はどうしたいの？」と聞いてみます。自分の中にすでに答えはあるのだと信じて質問をすれば、必ず答えが返ってきます。

今まで散々《さんざん》辛い思いや苦労をしてきたのです。未熟な親のせいで、あなたの貴重な人生＝命を振り回されてきたのです。あなたの感情を感じ、受け入れて生きていけるのは、あなたしかいません。これからはあなたの本当に生きたい人生を生きてください。あなたにはその権利があります。

負の世代間連鎖に気付き、断つ！

親に期待すれば苦しくなります。親が自分の期待どおりの対応をするわけがない、と表面上は考えていても、本音のところでは、やはり親に期待してしまう……。だから苦しいのですね。

先ほど、思い込みをゆるめるコツをお話ししましたが、ここでも真逆の考えを口にしてみることをおすすめします。「これ以上、私は親に期待しません！」と。

「だから親も私の人生に期待しないで」と思えます。お互い人生に責任を持って、自立して生きていく選択をしましょう。誰も自分の人生に責任を取ってくれません。私はこのことを身をもって経験しました。いくら親の望む人生を生きたところで、親は外野《がいや》から好き勝手を言うだけです。子どもが悩み、苦しみ、無理して頑張ったところで、親は子どもを助けられません。

親は子どもの人生の責任を取れません。親の望む人生を生きても、決して報《むく》われないのです。あなたがたった一度の人生を自分に正直に生きるためにも、今がご自身と向き合うタイミングなのかもしれません。

次の第七章で、具体的な親との向き合い方についてお話ししますが、もうあなたは充分、今まで頑張って生きてきました。

そろそろ籠《かご》の中の鳥を大空に放《はな》ってあげて「自由」の風を感じさせてあげませんか？きっと想像できないくらい、気持ちの良い気分を味わえるはずです。過去に囚われ切り離されてしまった本当のあなたを取り戻しましょう。

この本をここまで読み、「いい加減変わりたい！」と強く思い始めているあなたならきっと、「自由」を手に入れることができるはずです。今までは、そのことに気付くための準備期間だったのです。

大きくジャンプするためには、長い助走が必要です。

今まで我慢してきたこと。苦労して一人で悩んできたこと。それでも自分なりに頑張って、結果を出そうと必死で頑張ってきたこと。その全てが今のあなたを作り、自由を手に入れるために必要な助走期間だったのです。決して無駄な時間ではなかったことに、気付いてあげてください。

自分の代で、親子の負の連鎖を断ち切ることができるのは、そのことに気付いた「あなたの役割」ではないかと、私は思うのです。今まで誰一人気付かずに、連綿《れんめん》と続いてきた家族の連鎖に気付いた今のあなたなら、きっと、家族の負の連鎖を断ち切れるでしょう。それが、次世代の家族にとっての一番の喜びではないでしょうか？

まずは、あなたが幸せになりましょう。そして、あなたの一番身近な存在である「家族」を心から愛して欲しいと思います。なんて、あたかも私がそのことをすでに実践できているかのように偉そうに言っていますが、私もその連鎖に気付いたばかりです。負の連鎖を断ち切り、子どもたちに「正の連鎖」を起こしていければと思いながら、現在進行形で生きています。子どもが安心して外の世界で思いっきりチャレンジでき、家に帰ったら羽を休める居場所。そんな居場所に家族をしていきたいですね。

家族連鎖はなぜ起きるのか？

ここでもう少し、家族連鎖についてみていきたいと思います。親は、無意識に自分の生き方は正しいと思っています。いえ、思いたいという表現のほうが適切かもしれません。特に自分の子どもに対しては、親のエゴや価値観を押し付けて、自らの正しさを証明しようとする傾向にあります。

では、なぜそんなことをする必要があるのでしょうか？　ここまで読んできたあなたなら、もうお気付きですよね。そう、親は自らの生き方に自信がないのです。不安を感じているのです。だから子どもに、自分の理想の生き方を重ね合わせ、自らの正しさを証明しようとしているのです。

そして、子どもは親に気に入られるために、必死に頑張ります。自分の意向よりも親の意向を優先します。その結果、親のプレッシャーに耐えられずに、親と正反対の生き方を選択したり、または親の敷《し》いたレールを従順に生きていきます。共通しているのは、親に対する怒りの感情です。自分の思いどおりの生き方ができない苦しさや悲しみを親に直接表現できないので、怒りや憎しみの感情を溜め込むことになります。

その結果、自分のパートナーや子どもへその怒りの感情を吐き出すようになります。あるいは仕事でしたら、上司に怒りの感情を投影したりします。ただ、仕事上は怒りの感情を出すと問題になるし、自分の評価にも響くので、グッと我慢をします。その分、家に帰って家族にその苛立《いらだ》ちをぶつけてしまうのです。

このような家族のなかでの出来事を恥に感じてしまったり、自分の家だけ特別なのではなく、他の家も同じだから私が我慢しないと……と、周囲に相談しないと、一人で悩み苦しんだりすることになります。一人で解決できないことは、周囲に助けを求めることです。自分さえ我慢すればいいという考えは、今すぐやめましょう。その考えで状況が良くなればいいのですが、そんなことはないはずです。

病気でも同じですよね。対処療法的な治療では、また再発してしまいます。病気の根本の原因を把握し、適切な治療を受けないと完治はしません。悩みも同様です。悩みの根っこを見直すことで、元に戻ることも少なくなります。

私にも根深く「勝ち負け」意識が残っていました。今でも油断すると顔を出します。「自分が正しいんだ！」と思いたくなります。でも、今ではそういった時に、客観的に気付くことができます。「あ〜、父と同じことをしているな」と。

きっと私の父の生きる目的は「自分の生き方が正しいことを証明すること」だったのかもしれません。

クレイグ・ナッケンは、正しさを証明する心理についてこのように説明しています。

「彼らは自分のエゴ（我）を通すために人を脅《おど》したり操《あやつ》ったり、果てしなく論争して相手を言い負かそうとしたり、さまざまなことをします。そういう時、彼らは自信に満ちて見えるかもしれません。

力（権力）追求型アディクションの人は、そういうさまざまな行動によって高揚感や幸福感を覚え、それによって安心感を得ます。しかし高揚感という快感は、それを感じている間は恐れや不安を忘れていられますが、その状態を維持するには常に高揚感を補充して補強していなければなりません。

そのため、力（権力）追求型の人は常に何らかの形で主導権争いにかかわり、どんなことがあってもそれに勝たねばならないのです。人と議論すれば必ず『どちらが正しいか』という争いになり、自分が正しいことを相手に思い知らせなくては終わりにすることができません。さもなければコントロールを失うと信じているからです。」

そういえば、父が謝っている姿を、私は一度も見たことがありません。きっと、父の両親（祖父母）も子どもに謝る姿を見せたことがないのでは、と思います。相手に迎合《げいごう》して、すぐに謝ることは自尊心を弱めることにもなるので良くありませんが、自分が悪いと思ったことは素直に謝り、相手を認める。これは、心の強い人間だからこそできることだと私は思います。

子どもがそんな親の姿を見て育てば、大人になっても同じ振る舞いを自然にできるのではないでしょうか？

◆コラム◆過去と現在をリンクさせるワーク

このワークに取り組むことで、あなたの過去が現在の人間関係や生き方にどんな影響を及ぼしているのかを発見できます。過去の事実自体は変えられませんが、過去の捉え方や見方が変われば、現在の生き方を変えることができます。現在が変わればおのずと未来も変わるのです。

①　あなたの過去のネガティブな出来事は、今のあなたのセルフイメージにどのように影響していますか？

セルフイメージとは、自分で自分自身をどう思っているか、ということで、セルフイメージが人間関係を決めるとまでいわれています。セルフイメージは過去の積み重ねです。どんな過去が今のあなたを作っているのでしょうか？

今のあなたにどのように影響しているのでしょうか？　日常生活を振り返って書いてみましょう。

② あなたの過去は、現在の人間関係にどのように影響していますか？

あなたの人間関係を思い浮かべてみましょう。どんな発言をしていますか？　どんな態度を取っていますか？

③ あなたの過去は、職場（家庭）でのあなたの人間関係にどんな影響を及ぼしていますか？

仕事の上司や部下、同僚、取引先での人間関係を思い浮かべてみましょう。またはパートナーとの関係はどうでしょうか？　どんなふうに自分のことをみられたいと、日頃感じていますか？　また、どんなふうにみられたくないのでしょうか。

④　あなたの過去は、親としてのあなたにどのように影響していますか？

子どもがいる場合は、子どもに対しての発言、態度を思い浮かべてみましょう。日頃、あなたは子どもにとってどんな親でしょうか？　子どもにとって、どんな親でありたいと思っていますか？　どんな親だと思われたくないのでしょうか？

⑤　ワークに取り組んでみて、あなたがこの時間で発見したこと、気付いたことはどんなことでしたか？

あらためて、あなたが書いた内容を読んでみましょう。声に出してみてください。どんな感じがしますか？　気付いていなかった深層心理がみつかりましたか？　あなたの過去は、現在にどのような影響を及ぼしているのか、具体的な発見はありましたか？

⑥　⑤の気付きを日常生活で活かすために、あなたはどんな行動を起こしますか？

明日から取り組める行動はありますか？　無理しないで大丈夫です。これならできそう！　と思える一番簡単でハードルの低いことから始めてみましょう。

ポイントは、あなたが実際に行動している場面を、具体的かつリアルにイメージしてみることです。必ずみつかります。時間がかかってもいいので、まずは書いてみましょう。

⑦　その行動を起こすと、どんな結果につながっていきますか？

ポイントは、行動を起こした後の結果をイメージし、その結果が出たらどうなる？　と、自分に問いかけることです。

自然体のあなたで大丈夫です。無理せず、できることから取り組んでいきましょう。
明日から取り組める行動が明確になったらＯＫです。
もう書くことに慣れてきましたか？
だいぶあなたのなかで、思考や感情が整理されてきたのではないでしょうか。

第七章　毒親を乗り越えて、自分の人生を生きる方法

NLP――コーチングとの出会い

この章では、実際に私がアダルトチルドレンをどうやって乗り越えてきたのか、具体的な話をしていきます。私の実体験を元にしておりますので、参考にしていただければと思います。

あくまで個々人の置かれている環境や価値観は違うという考えが前提にありますので、必ずしも今からお伝えする方法が全てではありません。他にもいろいろな方法がありますが、あなた一人で取り組める手法なので、お役に立てるのではないかと思います。

まず、あなたの生き辛い原因が、親との関係性のなかでつくられた価値観や思い込みだったということに気付いたとき、いったいどうすればいいのか……、今まさに、そういった状況ではないでしょうか。具体的な方法は追って詳しくお話ししますが、まずは私が歩んだプロセスを簡単にお話しします。

一番最初は、本屋に行くことからスタートしました。

でも、最初から心理学に興味があったわけではなく、本も好んで読むほうではありませんでした。ではなぜ、本屋に行ったのかというと、人に相談するのが苦手だったからです。

今では相談される側の立場ですが、当時は自分の弱みを他人にみせることに抵抗がありました。「弱い人間だと思われる」「悩んでいる自分なんかみせたくない」、そう思っていました。

本だったら、自分一人で問題を解決する糸口を摑《つか》めるのでは？　と思ったのです。そして、本屋で最初に目にとまったのが、『成功本50冊勝ち抜け案内』（光文社）という本でした。その名のとおり、世に出回る数多くの成功本のなかから、著者が厳選したおすすめ成功本の重要な部分を抜粋して掲載してある、成功ダイジェスト本でした。

今まで生きてきて、こういった類《たぐい》の本とは無縁でした。むしろ嫌悪していました。正直に言うと、「こんなもので成功しようなんて思っていること自体、何か違うのでは……」と思っていました。成功本は、成功していない人間が読むもの、という決めつけが、どこかにあったのでしょう。成功していない自分を受け入れる心の余裕がなかったのです。

成功本を読んだ時点で負けを認めるような、そんな感覚を勝手にイメージしていました。それと、本に書いてある成功者と今の自分を比較して、みじめな気分になるのが嫌なので、避けてきました。やっぱり自分には成功するような要素がないんだ、と認めるのが怖かったのです。でもその時は、「いい加減変わらなくちゃ！」という思いが勝っていたので、自然と手が伸びました。

この本をきっかけに、貪《むさぼ》るようにして本を読み続けることになるとは、この時は知る由《よし》もありませんでした。そして、本を読み続けるなかで、あることに気付いたのです。成功本などの著者の経歴を見ると、そこに共通して出てくるキーワードがあったのです。それは「ＮＬＰ」という単語でした。

その後、何度もＮＬＰという文字を目にし「ＮＬＰってなんだ?」と思い、ネットで検索し、興味を持つようになりました。ＮＬＰとは、「Neuro Linguistic Programming（神経言語プログラミング）」の略で、別名「脳の取り扱い説明書」とも呼ばれる、最先端の心理学です（日本ＮＬＰ協会ホームページ）。当時は名のある大学を出た教授クラスの人や心理に精通した特別な人のみが学ぶものだと思い込んでいましたが、一般に受講でき、資格を取得すれば、人にも教えることができるということを知って、一気に視界が開けたのを覚えています。

半年後、たまたまネットでみつけたＮＬＰの１ＤＡＹセミナーが開催されているのを知り、早速参加しました。そこで目にしたもの、体験したことは、大きなインパクトとなって私の中に残り、「こんな世界があったのか……」と、あらためて人間のすごさを体感したのです。「自分が求めていたものはこれだ!」と確信し、それから心理の世界にのめり込んでいきました。

セミナーで初めてＮＬＰワークを体験したのですが、そのなかで、自分が今まで生きてきた人生を客観的に振り返って体感するワークがありました。そのワークを受けて、「俺の人生、悪くない。良いこともたくさんあったのだ。」と心から思えたのです。それから、いろいろな心理のセミナーに行きました。結局は、半年後にＮＬＰを正式に受講しました。気が付いたら、心への自己投資を惜しまないようになっていました。

「自分軸」をみつける

一年後、本格的に心理の分野を学んで仕事にしようと決意し、マイコーチをつけて、実際にコーチングを受け始めました。

コーチングをきっかけに、自分自身に向き合うことを本格的に始め、大量に出るワークに取り組み、全部で五〇〇以上の質問に答えてきました。その時の経験が、今の私のベースとなっているのです。

約二年コーチングを受けましたが、人生で初めて自分と深く向き合う時間を取ったことで、いろいろな気付きを得ることができました。自分の強みや弱み、コンプレックス、得意なこと、好きなことや嫌いなことを知り、喜びや怒り、悲しみを感じることができるようになりました。ワークの質問に答えることで、私の価値観がみるみる炙《あぶ》りだされていったのです。

そして、最終的には未完了の出来事（父との関係）に終止符を打つまでに至ったのです。悩みを解決するだけではなく、大きな収穫もありました。それは、自分が今後、どんな人生を生きたいのか、という人生においての役割（ミッション、ビジョン）がみつかったことです。

コーチングでみつけた、私のミッションとビジョンを紹介させていただきます。

ライフミッション：自己一致感を大切にし、今、自分ができることをやり、他者一致感を楽しむ人生。自分の価値は自分で決める。

ソーシャルミッション：一人でも多くの人が親の人生ではない自分の人生を生きるお手伝いを、クライアントの心に寄り添うことで実現する。

ビジョン：全ての人々が自分の使命に生きることで、他人のことを自分のことのように共感でき、相互貢献できる世界の実現。

このように、迷ったらすぐに戻れる自分の中の指針（基準）ができたのです。私が受けたコーチングでは、そのことを「自分軸」と言っていました。

自分軸ができたおかげで、私の人生は大きく変化していったのです。自分軸をみつけるまでは、それなりに時間やお金がかかりましたが、みつけられればこれから先、死ぬまで一生、自分の中に残ります。コーチングを受けて良かったと、心から思いました。

自分の価値を知る「書く効果」とは？

「自分の価値は自分で決めていいんだ！」と、心の底から思えたことで、他人の評価を気にしなくなりました。自分の価値をみつけるうえで、一番有効な手法が「書く」ことです。私は実際に書くことで、多くの気付きを得てきましたが、書くことで得られる効果は、大きく四つあります。

まず一つ目は、五感を刺激することです。五感は視覚、聴覚、触覚（体感覚）、味覚、嗅覚の五つですが、書くことは、五感の中の「視覚」「聴覚」「体感覚」を刺激します。書くことで目を使い（視覚）、書きながら頭の中で文章を読み上げます（聴覚）。

ここまではパソコンと変わらないのですが、自らの手を使って書き上げること（体感覚）は、キーボードでは味わえない感覚があります。感情を文字にのせて書き出すことで、

「書く」ことで悩みが見えてくる

様々な刺激を与えることが可能となります。思考をフルに働かせ、もつれた糸を一つ一つ解きほぐすような感覚を感じられるのです。日記を書いている方もいると思いますが、やはり手書きのほうが思いをのせられるのではないでしょうか？

二つ目は、悩みを言葉にして書き出すことで、思考を「見える化」できることです。人間は、頭の中で考えているだけでは、同じような思考がグルグルとループしてしまったり、ネガティブな感情ばかりにフォーカスしてしまったりして、どうしても大切な視点に気付きにくくなります。

書くことは、思考を客観視する効果があるのです。悩みを書き出すだけで、解決策は自然と出てきます。なぜなら、悩みが見えれば、脳が解決に向けた適切な回答を探してくれるからです。人間の脳は一貫性を追求したがるので、答えを勝手に探そうとするのです。

三つ目は、「再現性」です。イメージワークだけだと、その場では問題が解決できても、日常に戻ると、また同じ問題にぶつかる可能性があります。でも、書くことは一度取り組めば、その後も何度も繰り返しできるので安心です。やり方さえ分かれば、自分一人でも取り組めます。

四つ目は、「人生の財産」になることです。書くと形に残るので、後から振り返ることができます。私のクライアントでも、悩みにぶつかったときは、過去に自分が書いた内容を振り返ることでヒントを得たり、成長を感じたりしている方もいます。また、書いた当時と変わらないことを今も感じているのであれば、それは自分が本当に大切にしたい価値観だと、気付くこともできます。

何より、自身の感情を「客観視」できるのが、最大の効果になります。

以上、書くことの四つの効果をご紹介しました。

私もそうですが、実際に私のクライアントも「書く効果」を実感しているので、おすすめです。書くことが習慣化できれば、最終的にはプロのサポートなしで、一人で問題解決できる力も手に入ります。せっかくカウンセリングを受けても、元に戻ってしまっては意味がありません。そういった意味でも、書く効果はとても大きいのです。

この本の章ごと（第四章以外）の終わりにある「コラム」も、全て書くワークになっております。

父への手紙

私が実際に体験した、書くことの効果についてお話しします。

それは、父に「手紙」を書いたことです。

言葉で直接伝えるのは勇気がいる、恐怖心を感じるなどの場合は、無理せず手紙に書くことをおすすめします。書くことは、自分の感情を客観的に整理する上でも、非常に大切です。また、すでに相手が他界している場合にも有効です。

やり方はいたってシンプルです。私の場合は、幼い頃から抱いていた父への思いを、時系列に沿ってひたすら書き出しました。より記憶を刺激するため、幼い頃に父と一緒に写っている写真を手元に置きながら書きました。「こんなこと言ったら傷つくかな？　言い過ぎかな？」という罪悪感は、全て排除しました。少しでも躊躇《ちゅうちょ》する気持ちがあると、中途半端な内容になってしまうからです。

当時の自分自身に戻って、ありったけの思いを手紙に書くことで、抑圧されてきた怒りやその裏にある悲しみを吐き出すのです。どんなにひどい内容でも、人には見せられないようなことでも、自分の気持ちに正直に書きます。書いた手紙は、直接本人に渡さなくても構いません。気持ちに区切りをつける意味で、破いてしまっても問題ないです。

手紙を書く目的は、無意識の中の深い部分に、ヘドロのように溜まってしまっていた心の叫びを、しっかりと表に出してあげることだからです。相手に分かって欲しいというよりも、自分の本当の思いを吐き出すことにフォーカスします。なぜなら、親はそんな子どもの思いを素直に受け止めてくれるとは限りませんから。

つい相手の反応に期待してしまい、結果が違うと、また怒りの感情がぶり返してしまいます。相手がどう思おうが、とにかく自分の思いを全て出しきりましょう。私は書くことで、今まで気付かなかった、自分でも引いてしまうほどの怒りの感情を知ることができました。

でも、その結果、自分の気持ちが整理され、「あ、俺はこんなことを思っていたのか」ということに気付けました。「もう過去に縛《しば》られて生きるのはやめよう！」と、心がすっきりと前向きになるのを感じることができました。

父の支配からの旅立ち

その時、大人になってから初めて「自由」を体感することができたのです。

このように、気持ちにゆとりができたことで、初めて相手の立場になって考えることができました。それは、今まで自分を苦しめてきた「思い込み」を解放する瞬間でもあったのです。やっと、過去と今を切り離して考えることができました。

そして、一番の気付きは、父と自分は似た者同士（昔はこの言葉を言われることが本当に嫌いでした！）ということでした。私も父も似たような環境で育ってきたんだと、頭では分かっていたつもりでしたが、実際にそのことが心底理解できたのです。

その時に「家族の負の連鎖」に気付き、自分の代で断つことができたのかな、と実感できました。親との関係を振り返ることは、正直なところ、エネルギーもいるし、向き合う前から、しんどいな……、大変そうだな……、と思ってしまう人もいるでしょう。

私も同じように思っていましたが、あらためて親との関係に向き合えて、本当によかったと思いました。

人それぞれに、ベストなタイミングがあると思っています。

今、こうしてこの本を読んでいるタイミングが、あなたにとってのベストなタイミングかもしれません。このまま過去の延長線上の人生を生きることもできます。いい人生、悪い人生と決めるのは自分次第です。他人は関係ありません。あなたの中に、少しでも「自分の人生を良くしたい！」という気持ちがあれば、まずはこの本に書いてあるワークに取り組んでみてください。自分と向き合ってみてください。

行動した時点で、あなたはすでに、過去の延長線上ではない、新たな人生を生き始めていることになるのですから。このまま何もせずに、過去の環境や親のせいにし続け、繰り返し同じような問題に悩まされる人生が続く……。

そう考えると、何もしないほうがよっぽど辛いし、しんどいと思いませんか？

私自身、父から受けてきた精神的支配に悩まされ続け、その悩みに向き合うことを避けてきましたが、今ではこう思います。「いつまでも親との関係を言い訳にして、自分の本当に望む人生を生きてこなかったな……」と。過去に縛られ、自ら自分のことを苦しめていたのです。

誤解して欲しくないのですが、決して「親には感謝するべき」と、頭から決めつけて言うつもりは毛頭《もうとう》ないということです。親のタイプによっては、距離を置くことも必要になります。いきなり親との関係をぷっつりと切るのではなく、親との適度な距離感や心地よい関係をみつけたり、親の価値に依存しているのであれば、親と距離を置き、自立への道を歩んでいくことも必要でしょう。

あなたにもそんなきっかけをみつけて欲しいと、心から思います。

この後、具体的なプロセスをお話ししますが、どんな状況でも現実を変えることは可能ですし、そのことを伝え続けることが、私の役割でもあります。

私自身、父との関係にたくさん苦しんできて今、思うこと。それは、「全ての出来事には意味がある」ということです。もし、家族に対してなんのマイナス感情もなければ、きっと私は今とは全く違う人生を歩んでいたことでしょう。

だからといって、その人生が良くないという話ではなく、過去の出来事を受け入れ、今に感謝できるかどうかが大切なのではないかと思うのです。親との関係に悩んだからこそ、子ども達に対して、自分がどんな親の姿を見せることができるのか、真剣に考えるようになりました。

そして、心理の世界に出会うこともできました。全ては必然のことのように思えてならないのです。辛い渦中《かちゅう》にいると、そんなふうには思えないものですが、目の前の現実から逃げずに「今、自分にできることはなんだろう？」と問いかけ続けて、今があります。もちろん、今現在もそのプロセスのなかにいますし、きっと死ぬまでこのプロセスは続いていくことでしょう。

私の父は、二〇一三年の春に他界してしまいましたが、私自身がカウンセラーとして今こうして生きているのも、父が私に与えた人生の課題だったのかな、とも思えるのです。辛く苦しい出来事やコンプレックスも、今ではそれを乗り越えて、その出来事がカウンセラーとして活かされ、人の役に立つことができる。

そう思えたことで、過去の出来事への見方がガラッと変わりました。

残念ながら、父が元気な時に深い部分で通じ合うことは叶いませんでしたが、私の中で過去のわだかまりは解消できましたし、受け入れることもできました。

そして何より、私の子どもたちに連鎖しないような人生を選択できたことに感謝しております。

父が生きているうちに、ちゃんと親孝行ができなかったことは心残りですが、今の私の生き方を、きっと天国から見てくれていると思います。あらためて今、親孝行には「期限」があるのだなと、実感しております。

最後に、これからあなたが実際にどうやって親と向き合えばいいのか、具体的なステップをお話ししていきます。

親へのマイナス感情が「感謝」に変わる12ステップ

私のカウンセリングは、主に対面とSkypeで実施しているのですが、親との関係をメインにセッションしております。

このセッションにはオンラインコースもあります。詳細は、こちらのサイトに書いてあり、無料でサンプル動画も入手できますので興味のある方はどうぞ。（親へのマイナス感情が「感謝」に変わる12ステップ動画講座サイト：http://selfcare.hide1010.com/)

私自身、過去に多くのワークに取り組んできました。数にすると五〇〇以上になります。その中から効果があったワークを厳選し、さらにワークの内容もより効果が出やすいように手を加えました。

うまくいかない行動パターンや人間関係のほとんどの原因が、親への解消されていないマイナス感情という視点に立ち、順番にワークに取り組むことでマイナス感情を解消できるようになっています。

以下、順番に概要を紹介します（※各章（第四章以外）の章末にあるコラムと、一部内容が重複しています）。

ステップ①　受講の目的と決意ワーク

あらためて自分の悩みを解決したい理由を認識することで、目的をはっきりさせます。何事も目的がないと、一〇〇％の力で取り組むことは難しいですよね？　目的をはっきりさせれば、そこに取り組む理由ができるので、行動することが容易になります。

ステップ② 悩みが変わると私の人生はどうなる？ ワーク

このまま悩みが解決しない人生と、解決した人生の両方を、じっくりとイメージしてもらいます。

人の行動の源泉は、快か不快か、この二つの感情に分かれます。人間は快を求め、不快を避けようとします。誰だって不快は嫌いですよね？ たとえば、トイレに行きたかったら、なんとしてでもトイレを探して目的を達成しようとするはずです。なぜなら、大人になって人前で漏らしてしまったら、ひどく恥ずかしい思いをするのが明らかだからです。

このように、不快な感情がはっきりしていると、人は行動せずにはいられなくなります。一方、快の感情も人を動かします。たとえば、「今週一週間、仕事を頑張れば、大好きなあの人とデートに行ける！」と思えば、どんなに大変な仕事でも頑張ります。「仕事を頑張る＝デートができる」という思考になっているので、仕事が苦痛ではなくなるからです。

それだけ感情というのは、人の行動に大きな影響を及ぼすのです。しかし、より強く人を動かすのは、快の感情よりも不快な感情と言われています。

ステップ③ 原因と結果の見える化ワーク

現状の問題はどうして起こっているのか？　このことを頭の中の思考だけではなくしっかりと紙に書き出し「見える化」することで、原因となる思考パターンをみつけることが可能です。結果には必ず、原因がともないます。

ここでいう結果とは、今、あなたに起こっている現象と捉えてみてください。その現象は、あなたの人間関係、仕事、家族、お金、健康、趣味など、いろいろな部分に結果となって出てきているはずです。

その現象を作り出している原因が、あなたの日頃の思考パターンとなります。

あなたがどんな考えを持っているのか、今まで生きてきた経験や信念から、自分のことをどう思っているのか、というセルフイメージが、その人のパターンを決めると言われています。

あなたの思考パターンを明らかにし、今の自分に役立っているのか、それとも役立っていないのかを客観的に知ることができれば、これからどうすればいいのか、自ずとみえてきます。

ステップ④　感情の断捨離ワーク

「断捨離」という言葉は、もうかなり浸透してきていますよね。断捨離とは、いるモノといらないモノをハッキリさせ、いらないモノを捨てることですね。ここで言ういらないモノとは、「役に立たない不快な感情」となります。あなたの心地よい感情、不快な感情を客観的にみることで、日頃あなたが表現しにくい感情に向き合い、隠れた本心をみつけていきます。

ここまでのステップ①〜④までが、現在と向き合うワークになります。現在にしっかりと向き合うことで、あなた自身のことを客観的に把握できるので、悩み解決への糸口が発見できます。

ステップ⑤　過去と現在をリンクさせるワーク

過去の事実自体は変えられませんが、過去の捉え方や見方が変われば、現在の生き方を変えることはできます。

現在が変われば、おのずと未来も変わります。あなたの過去が現在の人間関係や生き方にどんな影響を及ぼしているのかが分かれば、今後同じような悩みを繰り返し体験しなくてもすむようになります。

ステップ⑥　無意識に身に付けてきた行動パターンを知るワーク

実は、どんな行動パターンにもメリットがあります。こういうお話をすると、「いやいやメリットなんてないよ！　いつも苦労しているし、悩んでいるから。」という声が出てきます。

でも、人は最初から悪い結果になると分かっていることを、わざわざ望んでしようとは思いませんよね。あなたにとって何かしら良い結果を手に入れることができるからこそ、行動がパターン化しているのです。あなたのその行動は、なぜ繰り返し起こっているのでしょうか？

その行動パターンの原因に気付くことができれば、もう問題のほとんどは解決したといっても過言ではありません。

ステップ⑦　ゴミ箱ワーク

あなたの中で悩みの種になっている人を一人（父または母、あるいは影響力の大きな身近な人）、思い浮かべてみましょう。

その相手に対して、あなたが普段思っていることを包み隠さず、全てさらけだしてください。思いの丈を吐き出しましょう。

あなたが長年、抑圧してきた感情を解放し、無意識のなかにあった感情に出会うことで、気持ちが落ち着き楽になるのを感じることができます。ここを避けてしまうと、根本からの回復は難しくなります。

ステップ⑧－1　親からしてもらったこととの回想ワーク

あなたの両親からしてもらったことをあらためて思い出すことで、あなたがこの世に産まれ、今生きている事実に感謝することができます。人間の記憶は曖昧《あいまい》です。なぜなら記憶は歪《ゆが》められるからです。

なぜ記憶は歪められるのでしょうか？　それは、自分の都合の良いように記憶を解釈するからです。たとえば、「こんな出来事があったから今の私はこうなんだ。」「この記憶のせいで今、こんな人生なんだ。」、と。このように、理由があれば人間は安心する生き物です。でも、もしその理由が気付かないうちに歪められていたら？　あなたの記憶を紐解くことで、忘れていた真実に出会えるかもしれません。

ステップ⑧－2　私と父または母との記憶のワーク

ステップ⑧－1の回想ワークを参考にして、父親、母親から、それぞれ愛を受けたこと、辛かったことなどを書き出します。片親や、早くに亡くなってしまった場合は、書ける範囲で大丈夫です。育ての親や祖父母でも問題ありません。ポイントは時系列（幼少期、小学校、中学校、高校、大学や専門学校、社会人、現在）で書き出すことです。時系列に分けて思い出すことで、忘れていた記憶にアクセスしやすくなります。

あなたの両親からしてもらったことを具体的に思い出し、親との記憶を整理できるでしょう。

ステップ⑨　あなたの子ども時代のニーズを知るワーク

子ども時代、あなたは両親にどんな感情を抱いていましたか？　なんと言って欲しかったでしょうか？　本当は何をやらせて欲しかったのでしょうか？　どこに遊びに連れて行って欲しかったのでしょうか？　あなたの気持ちをどんなふうに分かって、寄り添って欲しかったのでしょうか？

このワークに取り組むことで、あなたが両親にして欲しかったことや、どんな親でいて欲しかったのかが分かります。その思いが、今のあなたの生き方や人間関係にどんな影響を及ぼしているのかがみえてきます。

ここまでのステップ⑤〜⑨までが、過去と向き合うワークになります。過去としっかり向き合うことで、自分の感情を受け入れ、過去の出来事を違った視点で捉え直すことができます。この時点で、アダルトチルドレンは、ほぼ回復していることでしょう。

次の⑩〜⑫ステップは、未来に向き合うワークになります。

ステップ⑩　最高の人生を送ったあなたと○○との最後の会話ワーク

あなたはきっと、幼い頃から大人にこう言われてきたのではないでしょうか？「相手の立場に立って考えましょう。自分がされて嫌なことは人にもしてはいけない。」、と。このように教わってきませんでしたか？　これは理屈では理解できるのですが、なかなか実行するのは難しいことです。

なぜなら、教えることができないからです。学校の勉強のようにハッキリとした答えがないし、誰も教わることができないのです。このワークに取り組むことで、頭の中だけでなく、体感として本当に相手の立場に立つことができます。

そして、あなたが今後、何を大切にし、どんな生き方をしていきたいのか、あなたの価値ある生き方のヒントをみつけることができます。長くなってしまうので、詳細はここでは割愛しますが、あなたの想像力を使って潜在意識にアプローチすることで、「私はこんなふうに考えてたんだ！」「そうだったのか！」など、今までの自分では決して気付かなかった「新しい視点や考え」をあぶり出すことができます。

「本当に相手の立場に立つことで見えてくる景色」は、きっとあなたの人生を根底から覆《くつがえ》すことでしょう。ぜひ、あなたにもこの腑《ふ》に落ちる感覚を体感していただきたいと思います。

ステップ⑪　〇〇へ贈る言葉ワーク

今までワークに取り組み、自分に向き合ってきた気付きや本当の思いを宣言することで、未来への一歩を力強く踏み出すことができます。今のあなたの裸の気持ちをそのまま言葉にして書き出します。その書き出す行為が、ありのままのあなたの感情を受け入れるのと同じ効果をもたらすのです。

その結果、あなたの思い込みを外して、悩みが感謝に変わるプロセスへと昇華するのです。

ステップ⑫　明日への行動の誓いワーク

あなたがワークを通じてインプットしたことを、客観的に整理してアウトプットすることで、明日からの行動を確実に実行に移せる相乗効果があります。行動することで初めて、現実は変わっていきます。ぜひ、その気付きを実際の日常生活に活かしていきましょう。

以上が、親へのマイナス感情が感謝に変わる12ステップになります。

ここで紹介したワークは、全て私が受講者として受けてきたものです。いろいろなセミナーに行き、ワークを受けてきました。心理に興味があるという純粋な興味から始まったのですが、心の奥では父との関係がずっと引っかかっていました。いくら多くのスキルを学んでも、どうしても未完了の出来事が頭をもたげるのです。

ワークでも父との関係を取り上げたり、実際に講師の方にセッションをお願いしたりもしましたが、なかなか思うような結果は出ませんでした。自分の中に理性と感情があるのですが、理性（頭）で理解しようとしている自分がいたから、なかなか腑に落ちなかったのだと思います。

そんななか、二〇一二年の寒さ厳しい年末に、一日部屋にこもって、自分をとことん見つめるセミナーに参加しました。内観に近いのですが、基本、参加者や講師とは話をしません。ご飯もトイレも自由でした。全てを自分のペースで進め、ひたすら自分に向き合いました。アドバイスも一切ありません。

こう書くと不思議な環境ですが、この会に参加したことがきっかけで、私の中で大きな変化が訪れたのです。父との関係を心の底から受け入れることができ、理性（頭）ではなく、実際に腑に落ちる感覚を体感することができました。体力的にはだいぶ疲れているのですが、頭はリラックスし、軽く、ラクになっていました。それは、気が抜けるような心地いい感覚でした……。

強く握りしめていた拳《こぶし》をゆるめ、ゆっくり開いて解放していくようなイメージです。

その時から、私の第二の人生がスタートしたのです。「親の人生ではなく、自分の人生を正直に生きる人生」の始まりでした。そうした経験から、本書ではその時に受けたワークをさらに改良して、ご紹介させていただきました。

そろそろこの本も終わりに近づいてきました。最後に、私からあなたにお伝えしたい一番大切な話をします。

それは、「あなたの人生は誰でもないあなたのものだ」ということです。いたって当り前のことを話しているように感じるかもしれませんが、実際は、ほとんどの方がこのような生き方を現実にはできていません。

あなたの価値は誰でもない、あなたが決めていいのです。この感覚をクライアントとセッションで共有できた時が、何より嬉しい瞬間です。あなたとも、こうして本を通してお会いすることができました。同じ感覚を共有できたなら嬉しく思います。

どんな小さなことでも結構です。気付いたことを行動に移していきましょう。今のあなたならできるはずです。

あなたもたった一度の人生を後悔しないために、「親の人生ではないあなたの人生」を正直に生き始めませんか？

あなたとこうして出会えたことに、本当に感謝しております。未来に向かって歩き出したあなたにお会いできる日がくることを楽しみにしております。

おわりに

今回、初めての著書ということもあり、不安が多くありました。自分の伝えたいことを読者に分かりやすく伝えられるのか。そもそも偉い心理の先生でもない自分が、本を執筆して世の中にメッセージを発信してもいいものか……。正直、弱気な状態からのスタートでした。

でもこれも、自分自身の「思い込み」だったのですね。書き始めたら、伝えたい言葉がちゃんと出てきました。

なにより、当時の親との関係に苦しんできた自分自身をあらためて見直せたことは、大きな収穫でした。そして、同じ思いで苦しんでいる人に、半歩だけ先に進めた自分だからこそ話せることがあるのではないか？　そんなふうにも思えるようになりました。

家族の内情を本に書くことに躊躇《ちゅうちょ》したり、心が痛む時もありましたが、親との関係で苦しんできた自分をさらけ出すことで、まだ見ぬ読者を勇気づけることができたなら、こんなに嬉しいことはありません。

本書を出版する機会を与えてくださった、さくら舎の古屋信吾さん、岩越恵子さんには、本当に感謝しております。この場を借りて御礼申し上げます。おかげさまで夢が1つ叶いました。ありがとうございます。

そして、私の活動を文句も言わず見守ってくれている妻と子供たち。いつも本当にありがとう。あなたたち家族の存在が私にいつも勇気をくれています。また、カウンセラーの活動を陰ながら応援してくれている仲間たち、そのほか、私と出会ってくれた多くの方々に感謝を申し上げます。ありがとうございます。

こうして今、自分の人生に感謝できるのも、両親の存在があってこそです。赤裸々《せきらら》な話も書いてしまいましたが、本当に感謝しております。特に父には、いろいろな意味で頭が上がりません。

最後に、この本を読んでくれたあなた。こうして本を通じて出会えた御縁に感謝しております。数ある本の中から、あなたの貴重な時間とお金を使っていただき、とても嬉しく、感激しております。

今を生きる全ての人々の人生が、望む未来に進むことを願っております。

読者プレゼント！

「親の支配を乗り越え、
自分の人生を取り戻す7つのステップ」
無料メールセミナーに登録した方に
3大無料特典をプレゼントします！

① 500以上受けてきたワークの中から厳選した「あなたの価値あるキーワードを発見できる魔法のワーク」
※ PDFファイルで23ページ分のボリュームがあります。
ページの都合上、本書では入れられなかった効果的なワークが満載です。
②あなたはどのタイプ？「アダルトチルドレンの5つの特徴」を動画で解説（動画6点付き）
③初回お悩み相談90分無料。お話を聴かせていただき、あなたに合った問題解決法を提案します。
上記の3大特典を無料で手に入れたい方は以下のサイトにアクセスしてください。
http://hide1010.com/mail-seminar/

〈メールセミナー内容〉
ステップ1：親への復讐～Mr.サラリーマンの決意～
ステップ2：出会えないと思っていた、天職に出会えたプロセスを公開します
ステップ3：あなたはどっち？他人軸と自分軸
ステップ4：俺は親のロボットじゃないっ!!
ステップ5：これで過去とはサヨナラ！～人生をラクに生きる秘訣～
ステップ6：親の人生ではなく自分の人生を生きる！～ミッション・ビジョンについて～
ステップ7：セルフケア力《りょく》を制する者が、人生を制す！

著者略歴

一般社団法人 全国心理技能振興会認定心理カウンセラー、全米NLP協会認定プラクティショナー。

一九八〇年に生まれる。日本大学生物資源科学部を卒業。父親支配に苦しみ、生き辛さを抱えながら生きてきたが、心理学に出会い、サラリーマン(飲食業、空間ディスプレイ業の二社)として働きながら、五年以上学びを深める。父の死をきっかけに、カウンセラーとして独立する。「親の人生ではない、自分の人生を悔いなく生きて欲しい」、そして「親の大切さに気付き、純粋な気持ちで親孝行できる社会にしていきたい」という想いを胸に、クライアントと真剣に向き合っている。

＊井上秀人ホームページ「セルフ・クエスト」
http://hide1010.com/
毒父《どくちち》家《か》族《ぞく》
——親支《おやし》配《はい》からの旅立《たびだ》ち
二〇一五年五月一五日 第一刷発行
著者 井上秀人《いのうえひでと》
発行者 古屋信吾
発行所 株式会社さくら舎 http://www.sakurasha.com
東京都千代田区富士見一-二-一一 〒一〇二-〇〇七一
電話 営業 〇三-五二一一-六五三三 FAX 〇三-五二一一-六四八一
編集 〇三-五二一一-六四八〇 振替 〇〇一九〇-八-四〇二〇六〇

装丁 石間 淳
カバー写真 アフロ
本文イラスト くぼこまき
印刷・製本 中央精版印刷株式会社

ISBN978-4-86581-013-4